ウケる働き方

大京警備保障(株)
櫻井大輔
Daisuke Sakurai

CROSSMEDIA PUBLISHING

だいぶ変な本です。

今までに読んだことのない
新しい感覚・経験を味わいたい方は、
このままページをお進みください。

ウケる働き方

START

ニューゲーム

コンティニュー

オプション

キャラクター紹介

社長

お笑い大好き、ネタ担当。

演技力	■■■□□
ダンス力	■■□□□
言語力	■■■■□
天然力	■□□□□
ツッコミ力	■■■■■

部長〔課長〕

笑いと狂気の怪優。

演技力

ダンス力

言語力

天然力

ツッコミ力

教育長

ズレた実直さ。

演技力

ダンス力

言語力

天然力

ツッコミ力

QRコードから
動画をCHECK!

動画を鑑賞

024

絶対に成功させようね

音楽著作権の関係で
音声が変更・停止される
作品が含まれていますが
ご了承ください

変なタイトルから、
中身を想像してみて
ください。

本書の味わい方として、すべての動画を1回続けて観ていただくことをおすすめします。これはTikTokで展開された、ある警備会社が悪戦苦闘した末に成功する、スラップスティック・コメディです。

113

あらすじ

重要なプロジェクトの最終局面を迎え、部長、社長、教育長の幹部三人が今日こそ成功をおさめるべく意気込みを新たにしていた。三人が部屋に集まり、力強く手を交わすと、次第に熱がこもってきた。

「絶対に～、成功させようーねー！」

お笑い芸人、ヨネダ2000のフレーズから始めた。

互いの決意を胸に刻み、三人で円陣を組んで妙なポーズ。「さぁ、いくぞ!!」の合図で体を揺らし出す。突如流れ出た音楽に合わせて思い思いのパフォーマンスを繰り出す。

激しいステップで飛び跳ね、はじめはしっかり合っていた動きも、徐々に三人の息が乱れ始め、余裕の表情から不安の表情へと変わる。

プロジェクト成功に向けた緊張感と、その先の喜びを予感して楽しむ三人。

仕事を楽しむ心が、結果を左右する。部下たちも含め周囲の目を和ませながら、成功への期待感が高まっていくのだった。

結果、成功できなかったにもかかわらず、爆笑で締め括られた。

Chapter2 ダンス・ダンス・ダンス

「あらすじ」には『ウケる働き方』のコンセプト、マインドのヒントが隠されています。緻密なシナリオのもとに「笑い」は生まれます。

114

制作の背景

『にんげんっていいな』の曲に合わせて、三人でリズムに合わせて跳ねるというTikTokの動画があり、それを会社員のおじさんたちが、ぴょんぴょん飛ぶとかわいいんじゃないかという反応を考え、投稿した動画です。

失敗を前提で考えていたので、練習は1回だけで、本番にしました。案の定、グダグダになり、そのことが再生数に大きく影響し、コメントも上々でした。

「絶対に～、成功させよう！ね!!」はM－1に出場したヨネダ2000が使っていたフレーズで、耳に残ります。このフレーズと「絶対に失敗する」を掛け合わせたら面白いだろうと目論見ました。

おじさんたちが失敗を披露する様子は、若い人たちや女性にとって、ツボるようです。

一見、ふざけているだけにしか見えない動画。でも、そこには会社の経営、職場の人間関係、ブランディング、マーケティング、採用活動まで幅広い課題が内包されています。

115

あなたへのエール

他人の失敗は蜜の味。
カッコ悪い
あなただって、
素敵に見えるはず。

M-1
グランプリ。M-1 吉本興業と朝日放送テレビ（ABC テレビ）が主催する日本一の若手漫才師を決める大会である。

ヨネダ 2000
女性二人組のお笑いコンビ。

Chapter2 ダンス・ダンス・ダンス

どんな職場も、さまざまな課題を抱えています。もしかしたら、それはあなたの心もち次第で変えられることがあるかもしれません。あなたの「働き方」が変わるきっかけに。

Chapter 1 ジェルシートで世界を制するまで

COLUMN 1

警備って種類があるの知ってる？

Chapter 2

ダンス・ダンス・ダンス

Chapter 3 仕事は楽しいかね？

Chapter 4

食べられる幸せ

Chapter 5

仕事の日常と非日常

Chapter 1
ジェルシートで世界を制するまで

掲載されている動画音声は音楽著作権の関係で
変更・停止される可能性があります。

動画を鑑賞

001 社長にジェルシートを投げるいたずら①

あらすじ

静かなオフィスに課長が突如、何か青いものを持ってつかつかと歩き出してきた。オフィス内では社員たちが真剣に仕事に取り組んでおり、キーボードの音が響く中、忙しい1日が進行している。

課長は青いものを手に社長のデスクに近づいたが、何を話すつもりだったのか、不安げに立ち止まる。社長は課長の不審な行動に目を丸くし、驚きと疑念が交差する表情を浮かべた。

そして、課長は突如としてジェルシートを持ち上げ、それを社長に向かって力強く投げつけた。ジェルシートは社長の顔にピタリと貼り付き、社長は驚きと怒りで呆然。

怒った社長は、ジェルシートを顔に貼り付けたまま課長を追いかけるも、本気で逃げる課長に追いつけないまま、休憩している社員を横目に、おじさんたちのずんぐりむっくり鬼ごっこが始まった。

制作の背景

TikTokのおすすめ動画で、冷えピタチャレンジという動画を見て、これを社内でやってみようと思いました。

私たちの動画のコンセプトはハラスメントをしていないように見せる、部下が上司に仕掛けるというのが基本コンセプトです。

またこの当時「ウマ娘」というアプリが流行っており、動画トレンドでウマ娘のように追いかけるという動画が流行っていました。

そこを足し算して、冷えピタを投げた後に「追いかける」というのをやってみたら数字がとれるのか？　ということを考え、作りました。

あなたへのエール

考えても
解決しないならば、
とにかく思いきって
一歩を踏み出そう。

ウマ娘(むすめ)

『ウマ娘 プリティーダービー』は、Cygamesによるスマートフォン向けゲームアプリとPCゲーム、およびそれらを中心としたメディアミックスコンテンツ。略して「ウマ娘」。

動画を鑑賞

002

社長にジェルシートを投げるいたずら②

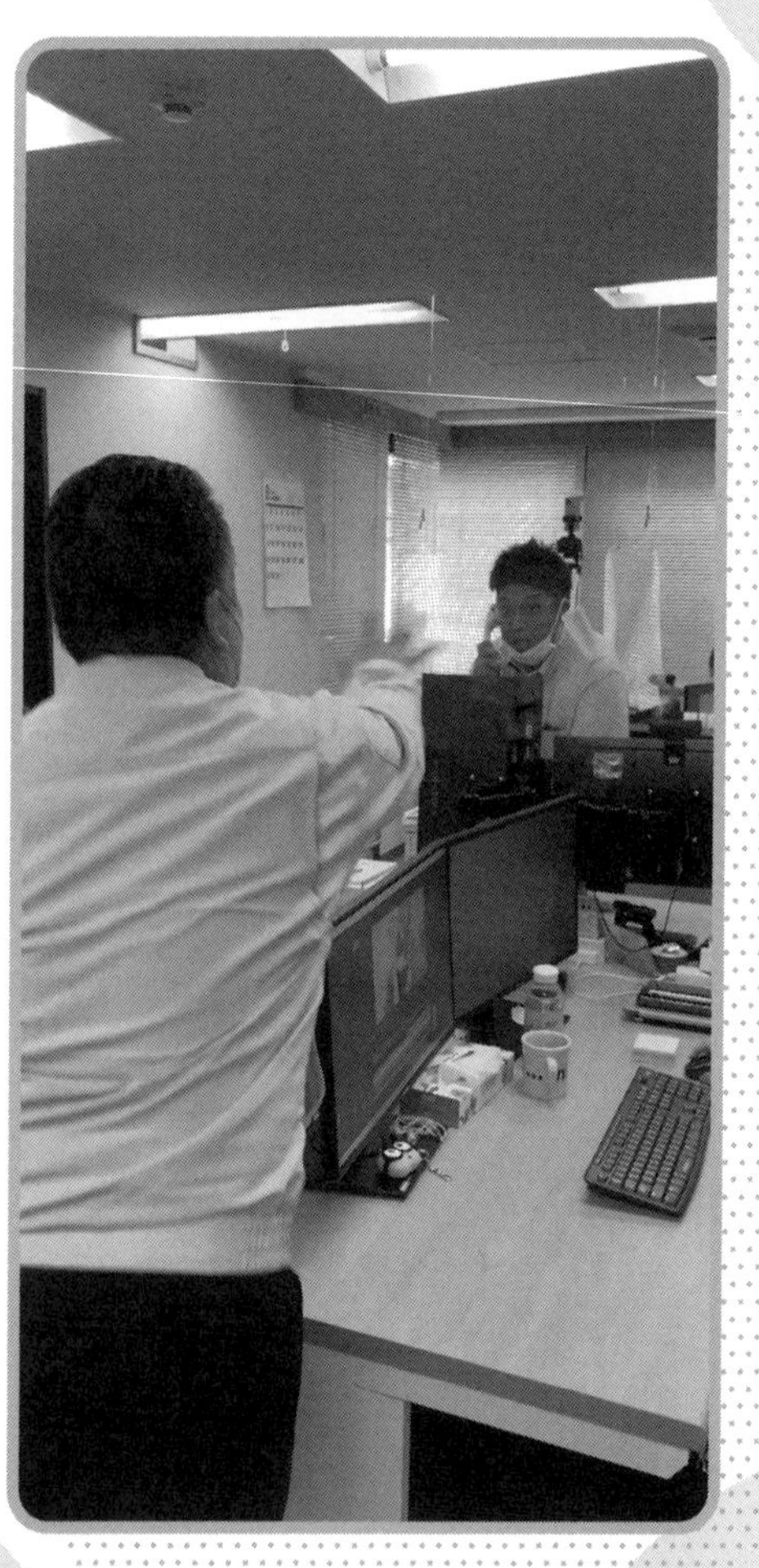

あらすじ

静かなオフィスに課長が、いつものようにジェルシートを持って、エレベーターホールから歩き出してくる。

オフィス内では社員たちが仕事に取り組んでいて、心なしか目が笑っている課長が、カメラにアイコンタクトをとっている。

向かった先にいるのは社長。課長は以前も怒られたのに、懲りずにまたジェルシートを貼り付ける気でいる。

社長は取引先と電話をしている。課長が社長にジェルシートを投げつけた先には、透明のアクリル板があり、貼り付けることに失敗する。

社長はその失敗にドヤ顔でニヤリ。課長の所に向かおうと思った矢先、教育長からジェルシートを貼り付けられる。

社長の姿を横目に課長は席に戻り、満足気にコーヒー片手に高笑いをする。社長は別の社員にジェルシートを貼り付けられ、伏兵がいたことに全く気づかず、今回も課長の意のままにいたずらされる社長だった。

制作の背景

冷えピタ（ジェルシート）チャレンジからの進化系で、部下が上司にジェルシートを貼るというのが以前の動画でヒットした。それを派生させていくのに、「貼る→何をするか？」というのがテーマで、様々なバリエーションを考えていく中で、伏兵がカメラ外から中へ入ってくるという構図が浮かんできて、その様子を作りました。

音楽も「どんなときも」というフレーズが刺さる位置で「あっ！」と張り付けられる時の声を、『どんなときも。』の音楽に合わせて音ハメをする動画を作りました。

そのあとに無言の笑った表情にすることで、「やられた感」を演出しました。世界観としては、嫌な感じにならず、視聴者が楽しめるように笑顔で終わっています。

課長が悪役になることで、ハラスメントとはならないような動画作りをして終わらせています。

あなたへのエール

一度目がダメなら
二の手で
目的を遂行しよう。

音ハメ
映像と音楽が合うように編集した動画のことを指します。このような音ハメ動画はリズムやビートなどに合わせて切り替わるため、インパクトがあり、強く印象に残ることに効果的です。

『どんなときも。』
1991年バブル最盛期、槇原敬之の名曲。

動画を鑑賞

003

インドネシア（なんで？）

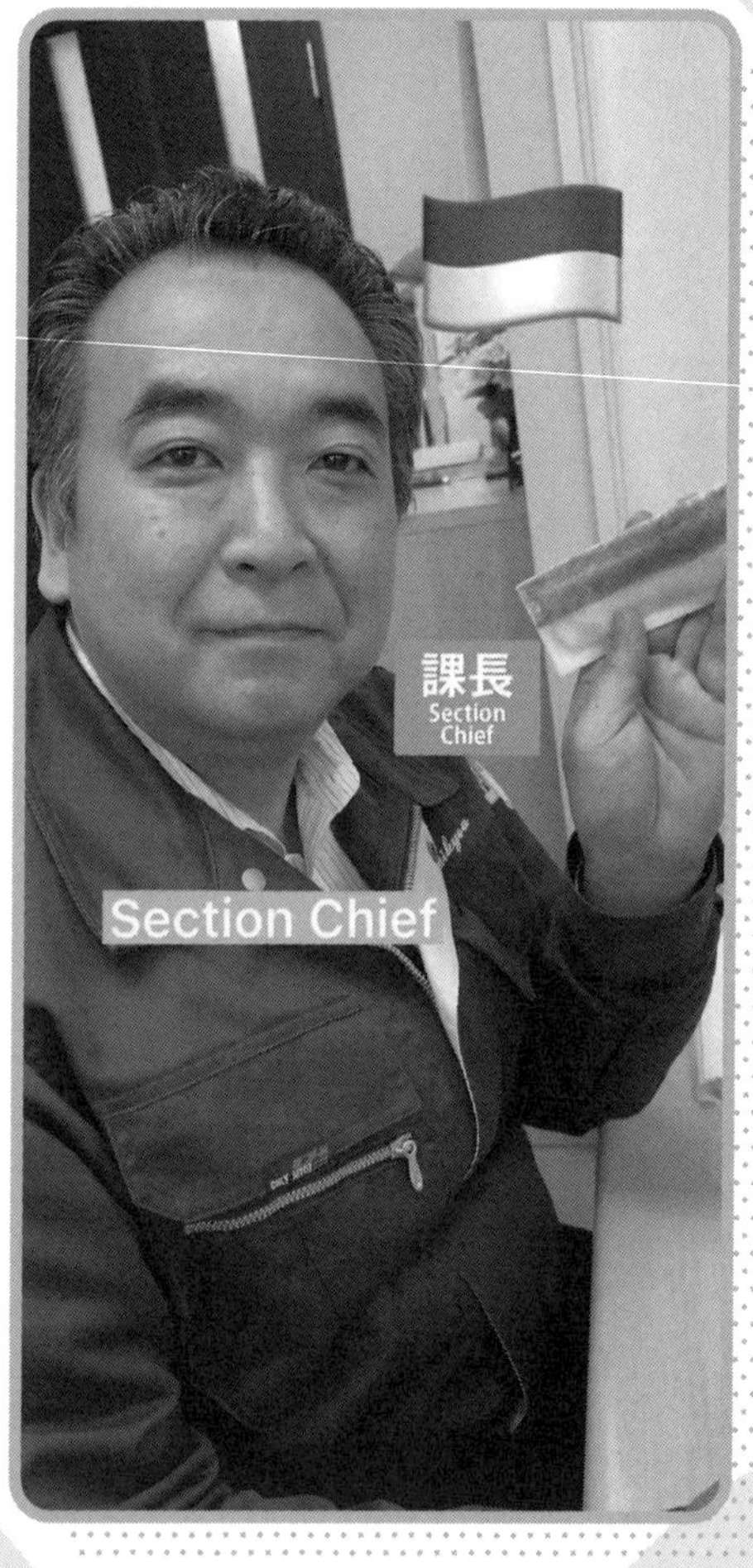

あらすじ

ジェルシートに今度はなにやら、国旗らしきものを描いて、カメラにアピールをする課長。また社長に投げるに違いない。今度のジェルシートは、インドネシアの国旗だ。

よくわからない歌を口ずさみながら、ジェルシートを持ち、向かった先は社長室。ドアノックすらせず、ガチャっと開けて、その瞬間に社長へジェルシートを貼り付ける。ピチッという音と共に、しっかりと食い込んでいるのか、メガネに覆いかぶさったジェルシートが、メガネの形に沿ってしっかりと浮き出ている。

mengapa? という文字と共に社長は「ムニャパー」と言っている。これはインドネシア語で、「なんで?」と言っているのだ。

いきなり部下が何も言わず、社長室に入ってきて、インドネシアの国旗を投げられるとは、まったく意味が分からないだろう。

制作の背景

冷えピタチャレンジを何度かやっていくと、あまりバズらなくなってきました。その時にこの新しい試みに切り替えました。というのも、インドネシア国旗を投げる前に、たまたま踊ったダンス動画で、なぜかインドネシア方面にバズったのです（データで一番観られた国がインドネシアだった）。ということは、きっとインドネシア人がいっぱいフォローしてくれているはずであり、インドネシアで話題になるかもしれないと思って、インドネシアの国旗を描いて、投げました。

案の定この動画はバズり、100万回再生を突破。そして、動画を見られた国1位は、予想通りインドネシアだったのです。インドネシアの方々が次々に反応していただいて、その後バズりまくる、ジェルシートシリーズの礎（いしずえ）となりました。

あなたへのエール

日本人にはウケなくても、世界でウケるコンテンツもある。

バズる
SNSやインターネット上で話題となり、多くの人の注目を浴びることを意味する言葉です。たとえば、SNSで発信した事柄が、普段と異なって尋常ではない数の「いいね」をもらったり、「リツイート」されたりすることを「バズる」といいます。

mengapa?
インドネシア語で「なんで？」という意味。

インドネシア
インドネシア共和国。世界最大の群島国家である。人口は2億7000万人を超え世界第4位。

動画を鑑賞

004 連続音ハメ（国旗編）

あらすじ

課長はいつものようにジェルシートに国旗を描いてカメラに向かってアピールをしていた。

突如、課長が社長室に勝手に入り込んできた。課長は社長に何か用事があるのだろうと思い、それに答えようとしたその瞬間、またもカメラを発見。その後、止める間もなく今度は社長の眼鏡にジェルシートを投げつけた。

今回はインドネシアの国旗に加え、タイ、中国、フィリピン、トルコ、ラオス、イエメン、インド、UAE、ブルネイ、パキスタン、レバノン、スリランカ、モンゴル、クウェート、カタール、バングラデシュ、シンガポール、シリア、イラク、ブータン、ミャンマー、イスラエル、韓国、マレーシア、ベトナム、ネパールなど、計30カ国の国旗を投げつけ、どうやら課長は、昨今の世界情勢から、世界平和を願っているのだった。

制作の背景

インドネシアの国旗のジェルシートがバズった後に、動画コメント欄に、各国の方から私たちの国もお願いします！　とコメントが殺到した。

世界中の人たちから要望があるんだなと思い、どこの国の人たちが見ているかというのが全て特定できたわけではないので、とりあえず、アジア、その隣の中東から国旗を描いてみようということで、この動画ができあがりました。

その時にTikTok内で流行していたＡＪＲの『World's Smallest Violin』という曲が流行っていたのと、TikTokの動画戦略において、その当時音ハメが動画で伸びてる傾向にあると思っていたので、ジェルシートをぶつける音と、この音楽のリズムになる部分を音ハメして、国旗をいっぱい投げると、どういう視聴者の反応が起きるのか？　実験的に行った動画です。YouTubeで３０００万回再生、TikTokでは１９００万回再生と大成功となり、世界中からコメントが来ました。

あなたへのエール

おふざけも
本気でやれば
世界をひとつに。

AJR
アメリカ合衆国のバンド。マルチプレイヤーとして活動するメット3兄弟からなるギターポップトリオ。

動画を鑑賞

005

ホリケンコラボ

あらすじ

会議室で会議が行われている。そこにはいつものように社長と課長の姿があった。仕事中の風景である。今回は真面目に会議が行われているようだ。と思いきや、現れたのはジェルシートを持った課長とは別の男性。

お笑い芸人のホリケン（堀内健）だ。

つかつかと社長の元へ歩いていき、構えた社長は時すでに遅く、眼鏡にジェルシートを貼り付けられたのである。ジェルシートには、ホリケンの目がプリントされており、投げつけられた社長は唖然としていた。投げつけた後、課長がホリケンに近づき、固い握手をする。成功したことに指を差し喜び合う二人。

社長はなぜ会議中に別の男性が紛れ込んで、ジェルシートを投げられたのか、まったく理解できず困惑していたのだ。

制作の背景

TikTokとの企画でホリケンさんとコラボすることが決定しました。ホリケンさんの目をプリントしてジェルシートを用意し、撮影当日にその場で打ち合わせして、撮影しました。

会議室で、会議をしてから突如入ってきて投げるという設定まではできていましたが、その後どうするというのを決めておらず、ホリケンさんとお話しし、硬い握手をして指を指してカメラ目線になるというオチはホリケンさんからの提案です。

テレビで観ていたホリケンそのままの方で、とにかくアイディアがすぐにポンポン出てきて、その中のひとつを編集してアップロードしました。

ジェルシートシリーズとして、課長が貼り付けるという枠からはみ出てストーリー上別の誰か（ゲスト）に出てもらうという企画ができ、誰が見ても面白いというシリーズで、動画マーケティングの活性化に繋がりました。

あなたへのエール

無我夢中でやると、新しい道が拓き、出会いが生まれる。

ホリケン
堀内健。お笑いトリオ・ネプチューンのボケおよびネタ作成担当。

動画を鑑賞

006

あらすじ

いつものようにジェルシートに絵を描いている課長、今度は何やらキャラクターの絵を描いているようだ。描き終わった後に出てきたのは緑色の髪をした男性。その男性に、黄色のキャラクターの目を描いたジェルシートを渡し、男性はポーズを決める。これを社長に投げるに違いない。

課長に託された緑色の髪をした男性が、ツカツカと社長の部屋へ歩き出した。ノックもせずに入ってきた、全く知らない男性に目を丸くした社長は驚いたのも束の間、ジェルシートを持った男性はジェルシートを眼鏡に投げつけず、とんでもない所へ放り投げてダンスをし始める。

びっくりした社長は、「あれ？　眼鏡に投げるんじゃないの？」といったジェスチャーで、男性に求めるも、ダンスを踊ってどこかへ行ってしまった。

制作の背景

TikTokで有名なインフルエンサーでginjiroさんという方とコラボをした時の動画です。ginjiroさんは「背中を見せてダンスを踊る」動画で有名。日常の中で急遽ダンスを踊り始めるフラッシュモブのような形で動画を作成されていて、その動画テイストと、ジェルシートコンテンツをかけ合わせました。ジェルシートを投げるそぶりをするけれど、投げずに無視をするというパターンです。

相手のコンテンツと自社のコンテンツを互いに相殺しないように、短時間の中で表現し合うというのが目的でした。

視聴者が知らない有名人が私たちのコンテンツで急に出てくると、視聴者は見ないと思ったので、いつもの課長が出てくる導線から同じフレーム内に課長とginjiroさんが出て、視聴者にいつもの動画だと安心してもらうのがポイントです。

あなたへのエール

自分たちの強みと、コラボ相手の強みを、共に生かそう。

フラッシュモブ
「Flash（フラッシュ）」は「一瞬の」、「mob（モブ）」は「群衆」という意味の英語で、フラッシュモブは「ゲリラ的に公共の場で一瞬のパフォーマンスを行う」ことです。

動画を鑑賞

007

ソニックコラボ

あらすじ

課長はジェルシートに熱心にSEGAの有名なキャラクター、ソニックを描いていた。ソニックの誕生31周年を祝ってのことだ。

気がつくと、いつものように社長の部屋に入り、描かれたソニックの目を社長に向けて投げつけた瞬間、信じられない光景が広がった。なんと、社長が本物のソニックに変身してしまったのだ。

すばやく立ち上がるソニック。そして、驚きとともに逃げ出す課長。社内は一気に騒然となり、最速のハリネズミ・ソニックと、いたずらおじさん、課長の追いかけっこが始まった。

社内の人々はその状況を見つめ、追いかけっこは激化していく。ソニックの俊足と課長の奇想天外な逃走術が繰り広げられ、社内は一気にエキサイティングな雰囲気に包まれていった。

制作の背景

ＳＥＧＡとのコラボ回です。有名企業との初コラボ。まずはソニックの「走るのが速い」というキャラクター性を考えて、社長にジェルシートを貼り付けたらソニックになってしまうという展開を考えました。

ドアが狭く、ソニックが出たり入ったりするのが難しいというアクシデントもありましたが、動画上の編集で、直前まで来るカット、その後背中から映して、ドアから出たという演出を行いました。

その後追いかけるシーンを倍速にすることにより、走っているソニックのイメージを演出しました。

ソニックが登場したことによって、世界中からコメントが殺到し、改めて、ゲーム・キャラクターの凄まじい影響力を認識しました。

あなたへのエール

みんなが知っている キャラクターを 通じて、 コミュニケーション しよう。

ソニック
SEGAの看板キャラクターであるソニック・ザ・ヘッジホッグ（通称：ソニック）。青いハリネズミを擬人化。音速より速く走る。

動画を鑑賞

008 ピンキッツ

あらすじ

今日もジェルシートに熱心に絵を描いている課長。今度はあまり見慣れないキャラクターを描いているようだ。慣れた手つきで描く様子は、プロ絵師のよう。

いつものように社長室に向かって歩き、勝手に社長室のドアを開ける。社長はまたジェルシートを貼り付けに来たのであろうという顔で、課長を睨みつける。課長は、有無を言わさず、社長にジェルシートを貼り付ける。

その後に合成で「ピンキッツ」というキャラクターとロゴが出てくる。これはYouTubeで人気の子ども向け番組のロゴとキャラクターのようだ。YouTubeの人気番組にのっかり、課長は本気で子どもウケを狙い始めたようである。

制作の背景

新たな実験を始めました。世界のフォロワーが集まっている中で、共通認識なものは何か？　というのを考え始めました。そこで出てきたのがYouTubeの存在でした。

YouTubeのキッズチャンネルなどは「ながら見する」視聴者が多いという情報を得ていたので、YouTubeの中で有名なキャラクターを扱ったらどういう反応が起こるのか？という実験を行いました。

20代の親御さんがいる家庭では「YouTubeを観せて子守をしている」可能性があると仮定して作成し、バズった作品です。より多くの視聴者を獲得するために、視聴者の間口を広げたいと思って、ターゲットの年齢層から考えた動画となりました。

あなたへのエール

未知の領域へ
踏み込み、
挑戦の果てに
喜びと成長がある。

Pinkfong
Pinkfong は、韓国の教育エンターテインメント会社である The Pinkfong Company の韓国の子ども向け教育ブランドです。

動画を鑑賞

009

連続音ハメ（キャラクター編）

あらすじ

ジェルシートに真剣に絵を描き、それをカメラに見せびらかす課長。さまざまなキャラクターを描くうちに、絵の熟練度が高まっているようだ。

さらに、別の社員まで巻き込み、社長に耳やマントまでつける係まで登場し始め、いたずらの域が芸術の域にまで変化しつつある。

その集大成のごとく、いつものスタンスで多様なキャラクターへ社長を変身させるのである。

動画編集者まで巻き込み、目を貼り付けた後のキャラクターへの変化に手が込み始め、軽快なテンポのＡＪＲ『World's Smallest Violin』に乗せて、どんどん投げつける。

社長が眼鏡を拭いている時にもかかわらず容赦なく、直に投げたり、段ボールで武器を工作したり、竹をくわえさせたりと、今日もやりたい放題の課長と社員である。

制作の背景

国旗シリーズを終えた後に、数字が延びなくなって、どうしようかと思った時に、何か共通言語はないか？　と考えた結果がアニメでした。

日本のアニメは世界共通の話題かもしれないと思い立ち、もしかしたら英語で発信することよりも人気かもしれないと仮説しました。ジェルシートにアニメの目を描き始めたことがきっかけです。

Netflixの普及により、世界が日本のアニメを楽しみに待ちわびています。今では世界同時に視聴できることもあって、タイムラグがない共通の話題になっています。

アニメの力によって、自社コンテンツのTikTokで過去最高の数字、なんと、1.3億回再生を叩き出しました。

あなたへのエール

世界共通の話題、アニメを通じて、表現してみよう。

Netflix
アメリカ合衆国の主要なIT企業。ストリーミング配信では既存のコンテンツに加え、独占配信や自社によるオリジナル作品も扱っている。

動画を鑑賞

010

進撃の巨人 360度カメラ

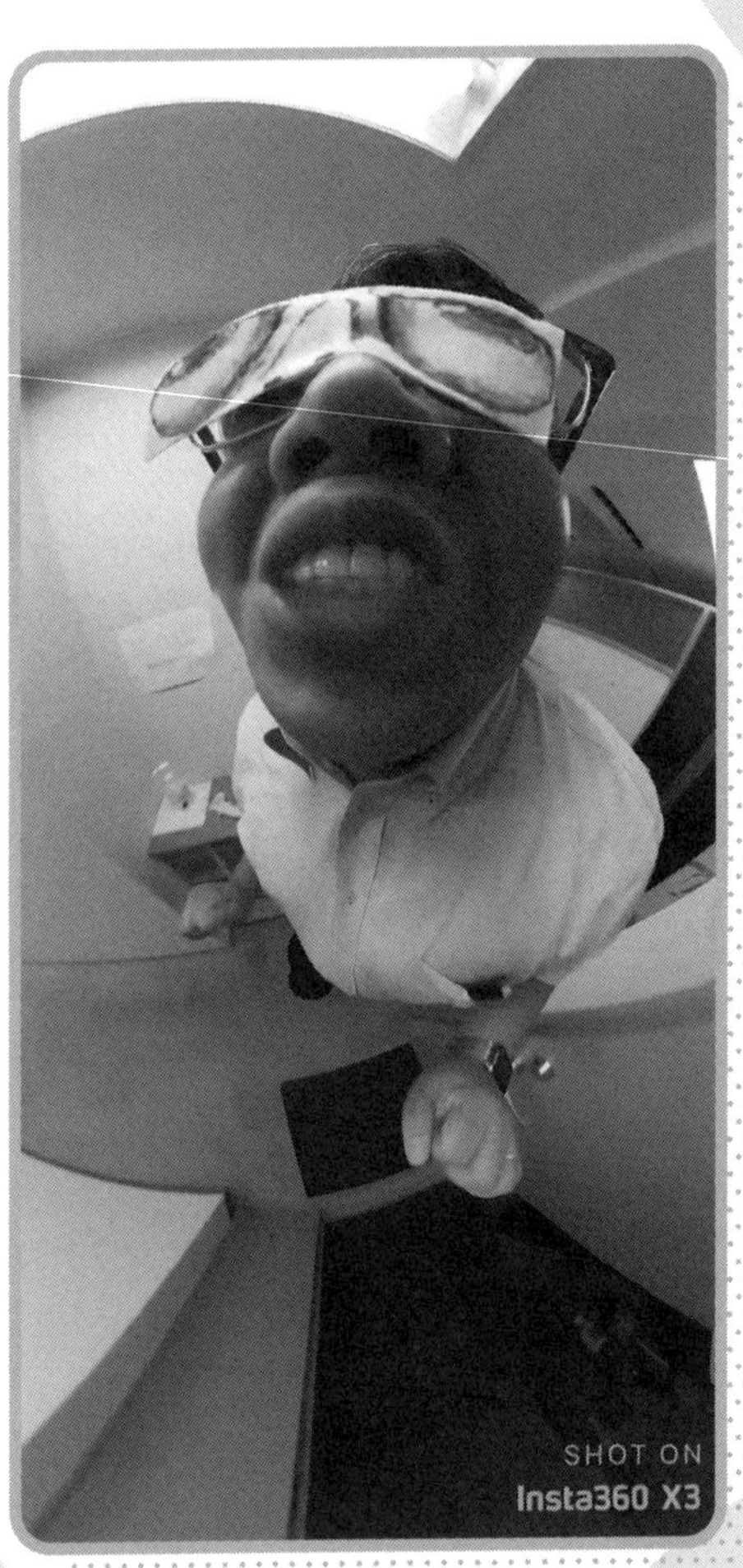

あらすじ

アニメの絵を描き始めて、絵が上手くなっている課長。余裕が出てきたのか、何やら大きい目と、360度カメラを持ち始めて、撮影者に披露し始めた。

ツカツカと社長の部屋のほうへ歩き出し、ジェルシートを貼る前に、360度カメラを無理やり社長の口に突っ込み、ジェルシートを貼り付ける課長。

その後、追いかけっこがスタートし、いつもの光景が社内には広がっていた。

しかし今回は、360度カメラから見える、追いかけっこの視点と、社長の眼下から見える視点両方を切り替えて、追いかけっこが始まったのだ。

360度カメラから見える追いかけっこの臨場感と、ジェルシートが貼り付いた社長に全く違和感を感じず恐怖の追いかけっこは続くのである。

制作の背景

360度カメラのプロモーションの一環で制作。進撃の巨人がテーマで、巨人っぽい目を貼り付け、360度カメラで口元から撮ると、「巨人の奇行種」っぽい表現ができたので、その視点と、追いかけっこをする時の背後から迫る絵が同時に撮影できました。

社長が口にくわえた後にジェルシートを貼り付けるシーンで、何テイクか撮影し、走る時も、カメラが落ちてしまうのを、なんとか食いしばりながら撮るという小さい努力の積み重ねでできた作品です。

走り方も巨人の奇行種のマネをして異様な感じを出しました。慣れない動画の形態に四苦八苦しましたが、『進撃の巨人』の臨場感がしっかり出た作品となりました。

あなたへのエール

バカバカしくも、小さな積み重ねに、笑いの神髄アリ。

360度カメラ
全方位カメラまたは複数のカメラを使用して撮影され、あらゆる方向のビューが同時に記録されるビデオカメラです。

進撃の巨人
諫山創による日本の漫画作品。

奇行種
諫山創の漫画『進撃の巨人』に、人類の敵として登場する「巨人」の中で、他の大多数の巨人と異なり、「人のいる場所に向かっていかない」などの異常な挙動をとることから、行動パターンを掴むことが困難な巨人を意味して用いられている語。

011 チェンソーマン

動画を鑑賞

あらすじ

ジェルシートからではなく、段ボールで工作をし始めた部長は、いつの間にか課長から昇進をしていたのだ。いつものように社長の部屋へノックもなしに入り、段ボール工作品を社長の頭に被せた。「部長が切り抜いた段ボール」からは、社長の顔がのぞいている。他にもジェルシートをいつものように作り、数々のキャラクターを貼り付けて、社長の眼鏡を彩る。

いつものように社長と追いかけっこを始めるが、階段まで追いかけたり、下へ行ったはずが、上から現れたりと、社長の動きがいつもと違う。蹴る練習をしたり、ジャンプをしたり、持っているもので叩く練習をしながら追いかける社長。追いかけるバリエーションが増えてきている。

部長はジェルシートでは表現できない立体的な世界を、段ボールで作り出すことに夢中になっている。社長との追いかけっこも、本格的な戦いのようになってきたのである。

制作の背景

アニメ『チェンソーマン』を題材にして作ったコンテンツです。最初の段ボールを作ったのは、ジェルシートでなくてもバズることは可能なのか？　というチャレンジです。ジェルシートからではなく、段ボールから始めることによって視聴者が見なくなるのでは？　とか、興味をなくしてしまうのでは？　などと思いながらも、もしこれで数字がとれれば、最初の取っ掛かりとしては、ジェルシートでなくてもバズる可能性があり、新たな動画制作へのヒントとなります。

編集も今まで出した『チェンソーマン』の動画の総集編の形で音ハメしながら、アニメ『チェンソーマン』のオープニングの映像に合わせて逆再生を使ったりと、編集の点でも本家に近く寄せました。総集編を出すことで、撮影時間を減らすことができるので、非常にタイムパフォーマンスのよい有意義なコンテンツになりました。

あなたへのエール

作ったものを再構築して、タイパ効果を狙おう。

チェンソーマン
藤本タツキによる『週刊少年ジャンプ』に連載中の日本の漫画作品。

タイムパフォーマンス
通称：タイパ。コスパから派生した造語。かけた時間に対する効果のこと。2022 年の新語大賞。

動画を鑑賞

012

ポケモンサトシ引退

あらすじ

ジェルシートを6枚も透明な板に貼り付けて披露する部長は、プロのイラストレーター並みのクオリティを発揮している。

いつものように社長室に無言で入り込み、新作のジェルシートアートを次々と社長の眼鏡に投げつける。最近は、呆れながらも部長のアートパフォーマンスを楽しみに待つのが、社長の日課となっている。

今回のテーマは、長年人気を誇るアニメ『ポケットモンスター』の主人公サトシとその相棒・ピカチュウのアニメ卒業だった。

祝福の意を込め、社長の眼鏡にジェルシートを貼り付ける。最後には自らもピカチュウに変身した部長が、社長の後ろでポーズを決める。

その姿に、普段冷めている社長の表情も微かに穏やかになる。部長は社長の微笑みを確認すると、再び無言のままジェルシートを回収し、仕事モードに戻っていった。

制作の背景

アニメ『ポケットモンスター』を題材にして作ったコンテンツです。『ポケットモンスター』は26年間で、絵のタッチが少しずつ変化しているという情報を得て、シリーズ毎の絵を作りました。

過去26年とすると、TikTokにいる若い世代が、かなり観てくれると思いました。

微妙に変化するシリーズ毎の主人公サトシと最後のオチに、部長のピカチュウを持ってくることで、最後まで見てくれれば、笑っていただけるはず。

変化を分かりやすくするために、定点での撮影が必要でしたが、極力カメラが動かないようにして撮影したのがポイントのひとつです。

また、ポケモンシリーズを忠実に再現するようにサトシを丁寧に描いたのもポイントになります。

あなたへのエール

キャラクターに愛を込めて、丁寧に作ることで心を伝える。

サトシ
テレビ東京系列で放送されていたアニメ作品『ポケットモンスター』シリーズの主人公。

ピカチュウ
ピカチュウは、ポケットモンスターシリーズに登場するポケモンのうちの一種。

定点撮影
同じ場所から同じアングルで定期的に撮影することを「定点撮影」という。

動画を鑑賞

013 時間停止

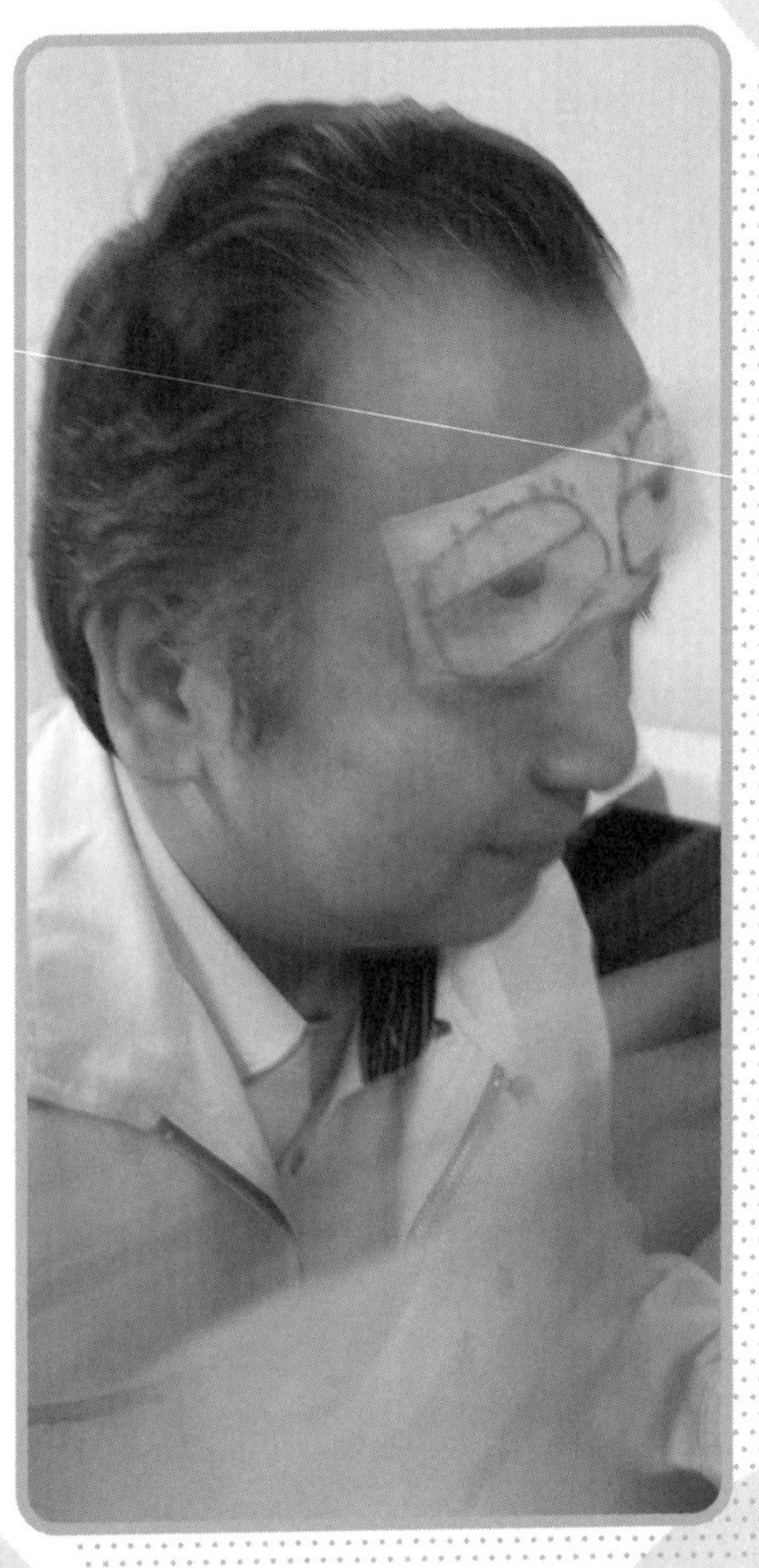

あらすじ

ジェルシートをいつものように社長に貼り付ける部長。かと思いきや、今回は社長からの視点。ジェルシートを貼り付けられた後に、溜息を漏らす社長。そして、突如、スマートフォンの動画を再生。

再生した後、音楽が流れ、社長室から出た社長は、貼り付けらたジェルシートを剥がし、ゆっくりと歩き、部長の後を追ったのである。

社内をゆっくり闊歩する社長は社員の時間が停止するのを確認し、社員が業務中であるパソコンに「kawaii」とテキスト入力し、自分だけが時間を停止せず動けていることを確認する。

その後、逃げている格好で停止した部長の前へ行き、時間が停止している中、いたずらを終えて、成功したことを噛みしめながら微笑んでいる部長に、社長がジェルシートを投げ返し、仕返しを完了したのである。

制作の背景

海外のTikTokで流行していた動画を少しアレンジしました。元動画は、レジでドリンクを買いに行くも、お金を払わずに商品を持って逃げるところを、「時間を止められる」という動画でした。

「kawaii」という綴りは海外の日本ファンの方が使う綴りで、〝21世紀に入って世界で最も広まった日本語〟とも言われるほど世界各国で共通語として使われています。

この動画の音楽（『Sweet Dreams』Eurythmics）で有名なのがX－MENのクイックシルバーというキャラクターで、時間停止を扱う能力をもっています。動画上で、時間停止を扱ったことで、バズりに繋がりました。

あなたへのエール

「時間」は永遠のテーマ。

Eurythmics
イギリスの二人組ミュージシャン。1980年代にヒット曲を連発し高い人気を誇った。

X-MEN
マーベル・コミックが発行するアメリカン・コミックスに登場する架空のミュータント・スーパーヒーロー・チーム。

クイックシルバー（Quicksilver）
マーベルコミックスが出版するコミック作品に登場するキャラクター。

動画を鑑賞

014

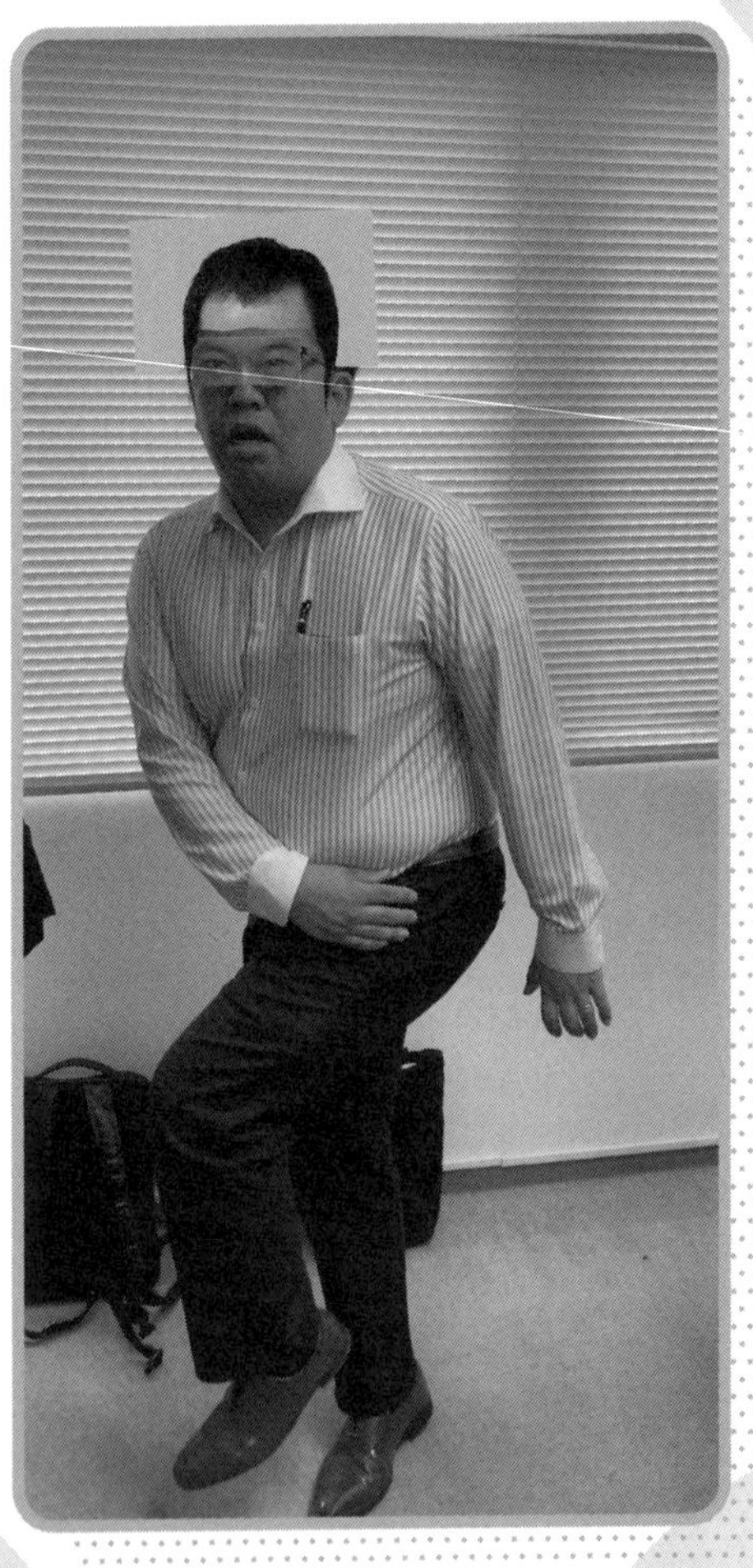

TONIKAKU

あらすじ

今回のジェルシートも、「誰かの目」を手際よく貼り付けた軽快な作品。

いつものように足早に社長室を訪れる部長。そこで待っていたのは、少しステップを踏みながら構える社長の姿だ。

ジェルシートを貼られた社長は足を上げ、「Don't worry I'm wearing」と言っている。これは人気お笑い芸人「とにかく明るい安村」のギャグ、「安心してくださいよ。履いてますよ」を英訳したもの。

イギリスの人気TV番組『ブリテンズ・ゴット・タレント』で一躍有名になった、「TONIKAKU」が海外で評価されたことを、部長と社長は喜んでいるようだ。

部長は社長の反応を受けて、再びジェルシートを回収。その後はいつも通り静かに業務に戻っていった。

制作の背景

イギリスの人気TV番組『ブリテンズ・ゴット・タレント』でお笑い芸人「とにかく明るい安村」が一躍有名になり、連日動画トレンド入りしていました。

この旬な話題に即座に反応するのが私たちの方針です。工数をかけずにクオリティの高いコンテンツを作り、話題性を捉えました。

旬の話題は注目が集まる反面、消えていくスピードも早い。だからこそスピーディに企画を実行することが大切だと思っています。

トレンドを扱うことは視聴率確保には欠かせなく、手軽な撮影・制作体制を事前に構築しておくことも、即時対応力という意味で重要だと思っており、なるべく手間のかからない構成、タイムパフォーマンスを心がけています。

あなたへのエール

最小限の労力で
最大限の効果を
生み出すべし。

とにかく明るい安村
イギリスでの芸名は「TONIKAKU」。吉本興業に所属する日本のお笑いタレント。

ブリテンズ・ゴット・タレント
イギリスのテレビ局ITVで放送されている公開オーディション番組。

動画を鑑賞

015 グリマス

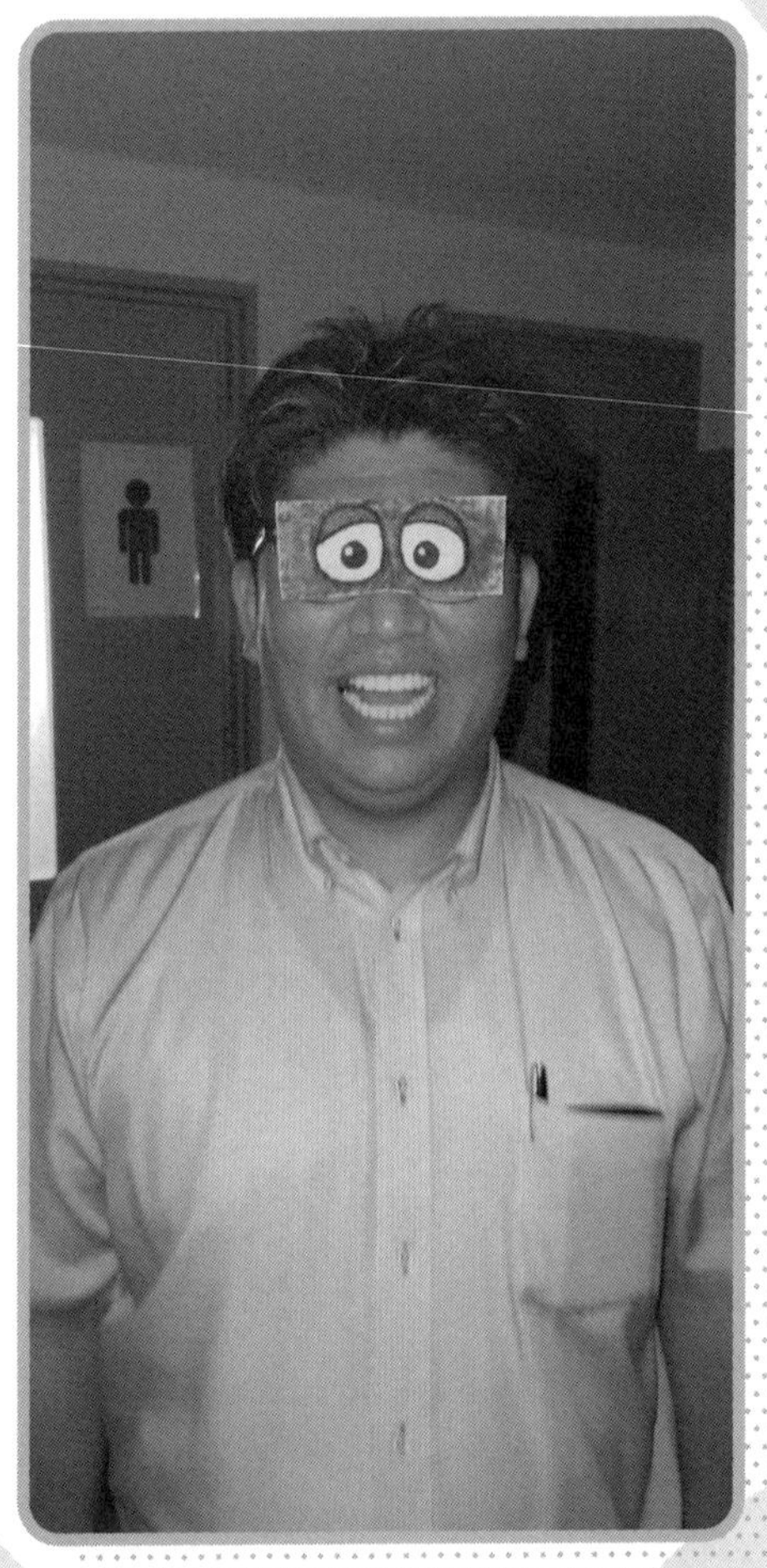

あらすじ

「ハッピー・バースデー、グリマス」と部長の一声から始まる。今回は何も音楽がないようだ。紫色のキャラクターを描き上げ、いつものように社長室に勝手に入り貼り付ける。貼り付けた後に、不穏な空気が流れ、すごく不機嫌な社長。今回は本気で怒られるのか？

紫色の飲み物を手にして、不気味な顔になる社長。

薄暗い部屋へ逃げ込む部長は、追いかけてくる社長から必死に逃げ、社長を巻くことができたかを確認する。

ふと横に視点を移すと、逃げた先に、紫色をした社長がいた。

部長が驚き叫ぶと、社長がなにやら紫色の液体を飲ませにきたのである。

倒れ込む部長。その体が少しずつ紫色になっていき、紫色になった社長は『サンキュー、グリマス』と何かに感謝しているようだ。

その後、部長はどこかの部屋へ連れ込まれていったのである。

制作の背景

海外で人気のマクドナルドのマスコットキャラクター「グリマス」の誕生日を祝うシェイクを飲んだ人が、ホラーな末路をたどるというネタ動画が話題を呼んでいた。

日本にはグリマスシェイクの販売がないため、ぶどうジュースとバニラアイスを混ぜ合わせてこれを再現。さらにジェルシートのネタと組み合わせ、ホラー風にアレンジしました。

撮影には通常より時間がかかったものの、まるでショートドラマのような作品が完成。今まで笑いを伴うジェルシートネタが主流であったが、ホラー映画のような恐怖や不気味さを表現できたことは、新たなスタイルの確立につながりました。

海外の流行をいち早く取り入れ、ジェルシートアートを単なるお遊び感覚で楽しむのではなく、映像としての完成度やストーリー性を意識することで、より高いクオリティの作品制作ができるようになりました。

あなたへのエール

映画みたいな作品に昇華することで、新たな発想が湧いてくる。

グリマス
ファーストフードチェーン店マクドナルドのマスコットキャラクター

動画を鑑賞

016

ケン（KEN）

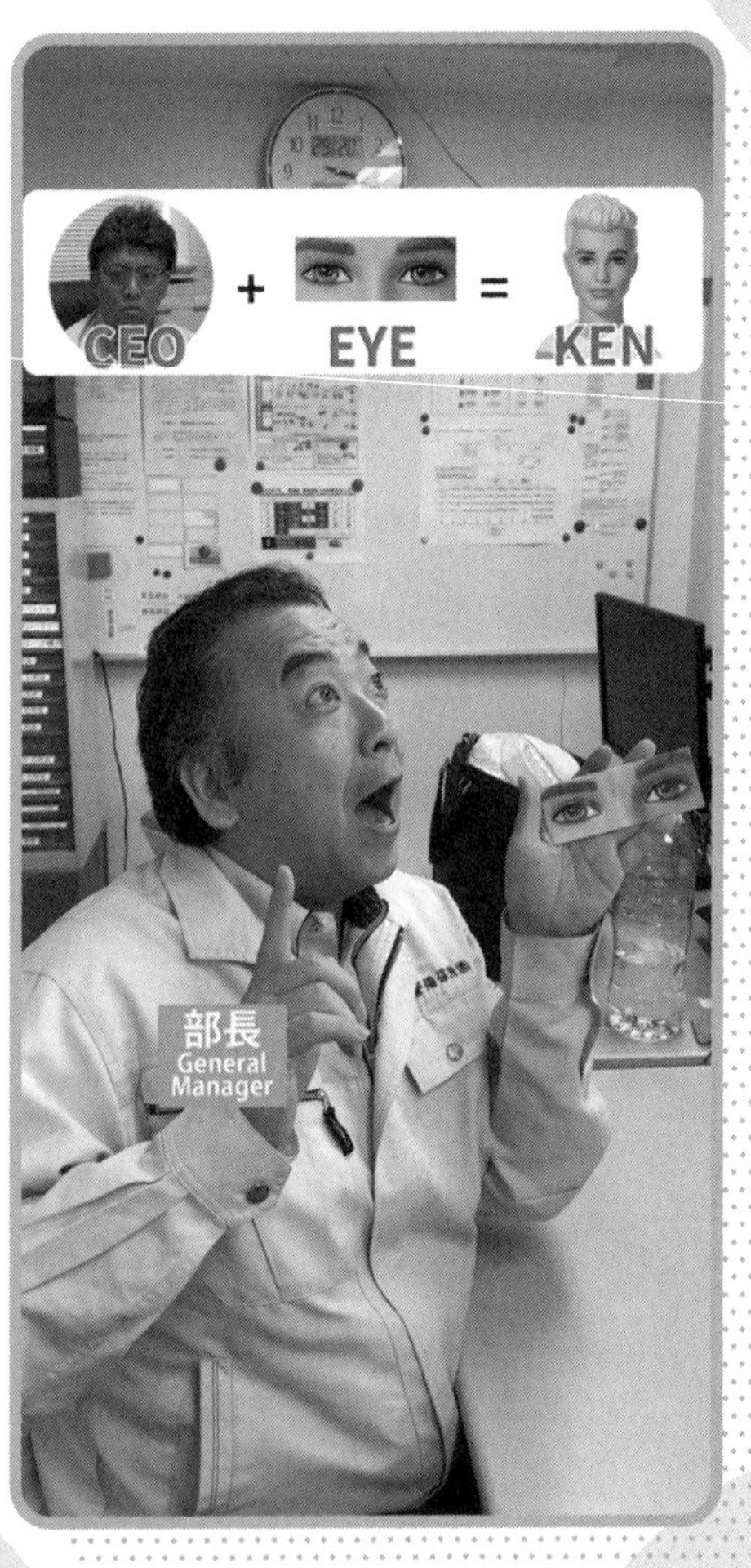

あらすじ

部長が何やらキャラクターのジェルシートをまた作っている。今回のコンセプトは人気フィギュア・バービーの恋人役であるＫＥＮ。社長にこのジェルシートを貼ると、ＫＥＮになるのではないかと想像しているのである。

映画『バービー』の公開を記念し、社長の顔をＫＥＮ風にアレンジしようという狙いだ。

これはいたずらではなく、「親切心だ」とでも言いたいような顔で社長室に入る部長。ジェルシートを貼り付け、最新のＡＩ画像変換で、社長の顔をスキャンする。

これで社長はＫＥＮになるかと思いきや、結果は意図せぬところで「バービー」に。思惑と現実のギャップに部長は落胆するのであった。

制作の背景

TikTokのエフェクトという機能と従来のジェルシートネタを合わせるのが今回の狙いでした。

TikTokには数多くのエフェクトがあり、エフェクトを駆使すれば、より多くのバズと、見せ方のバリエーションが増えること、そして、タイムパフォーマンスの追求につながるのではないかとチャレンジしました。

部長のいたずらの中身を視聴者に見せることで、先に予想させる共通認識を作り、結果全く違うものになることで予想を裏切るというコンテンツができたので、最初から最後まで見ていただけるコンテンツとなり、動画視聴維持が上がる内容ができたのはとても満足でした。

せっかく作った動画なので、最後まで観てもらえる構造や仕掛けを作りたいものです。

あなたへのエール

お約束のパターンも、新しいギミックで、活路が開かれる。

映画『バービー』
2023年に公開されたアメリカ合衆国のロマンティック・コメディ映画。アメリカ合衆国の玩具メーカーマテル社が発売、世界的にヒットした着せ替え人形バービーの実写映画化。

ケン（KEN）
バービーのボーイフレンド

COLUMN 1

警備って種類があるの知ってる？

警備業務は1号(施設警備)、2号(交通誘導、雑踏警備)、3号(輸送警備)、4号(身辺業務)に分かれています。1号は施設内の巡回・常駐・機械監視を行います。2号はイベント会場での交通整備を担います。3号は貴重品の運搬警護に従事します。4号は著名人の身辺護衛をします。状況判断力と機動力が求められる危険な職務です。

Chapter 2 ダンス・ダンス・ダンス

掲載されている動画音声は音楽著作権の関係で
変更・停止される可能性があります。

動画を鑑賞

臨時ボーナス

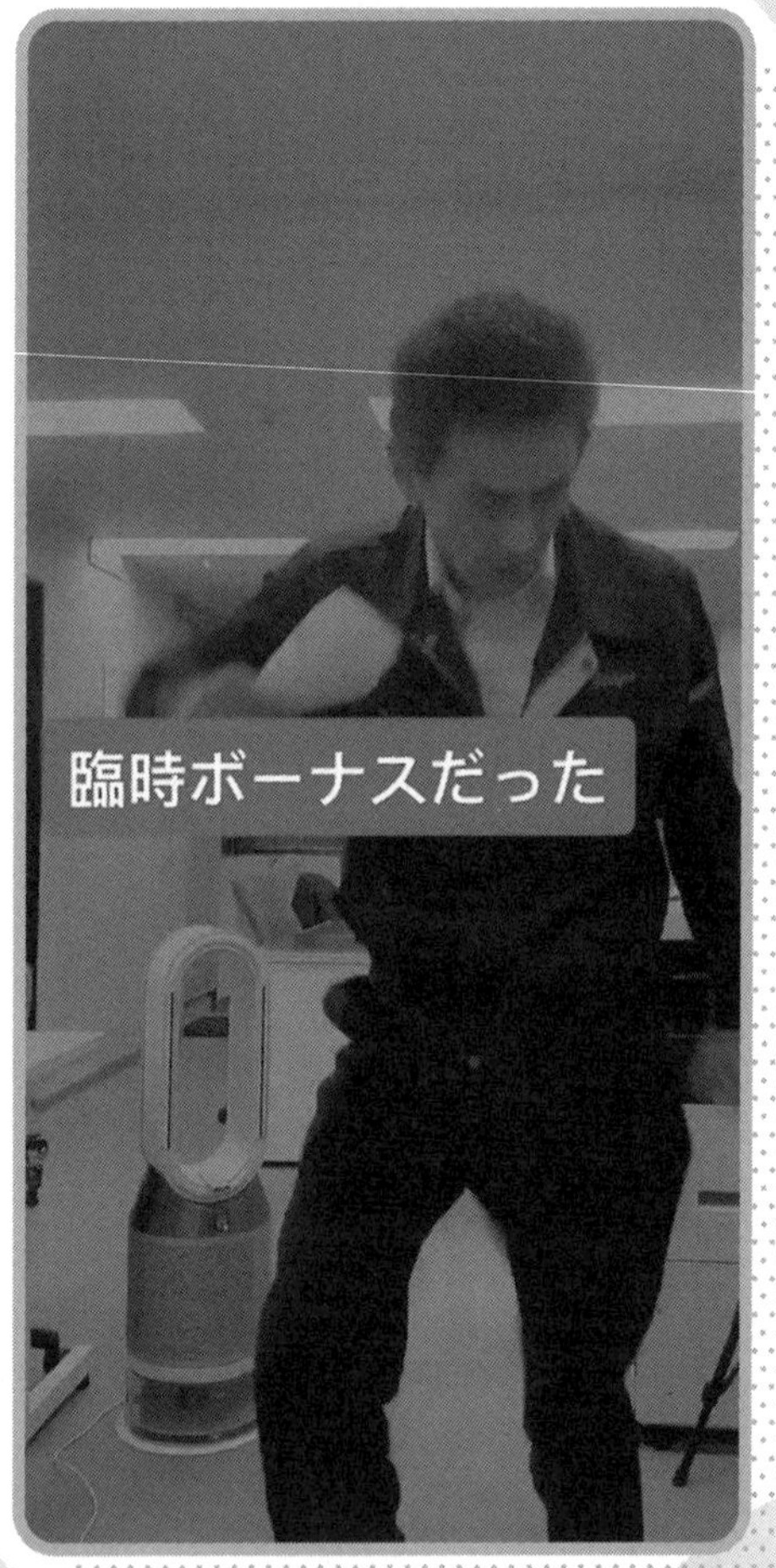

あらすじ

教育長は不意に渡された封筒を開け、中から出てきたのは3月の決算賞与明細。1年の労苦をふり返る内容であった。

教育長の仕事は警備員の育成を行うことであるが、日々のストレスは多い。予算や人事の調整に四苦八苦し、時には幹部から厳しい指摘を受けることもある。しかし、そんな中でも教育長は地域の安全のために懸命に働き、多くの改善を実現してきたのである。

賞与明細を見た瞬間、教育長はこの1年間の努力が報われた喜びを実感した。自分が推進してきた新しい教育指針の策定が着実に前に進んでいることをうれしく思った。賞与の数字は決して大きな金額ではなかったが、自分の働きが評価されている証しでもある。

感極まった教育長は、事務室でひとり思わず歓喜のダンスを踊りまくったのである。

制作の背景

TikTokで人気の「何かをしたら変化する」形式の動画を参考に、会社風にアレンジした作品を制作しました。3月末という季節柄、おじさんが喜びのダンスを踊る映像を思い浮かべました。喜びのダンスのきっかけは何だろう？　と考えたところ、賞与が分かりやすいと思い至りました。

社員が突如として決算賞与をもらえたら、誰もが歓喜して踊りだすのではないか？　と想像し、その状況をユーモラスに表現してみました。TikTokの流行を取り入れつつ、オフィスの背景や作業着にすることで、社会人なら共感できるコンテンツに仕上がったのではないかと考えています。

決算、入学、入社と節目の多い3月末。仕事への喜びを改めて実感できる作品です。

あなたへのエール

労報われた時、
無心に踊れ、
全身で。

決算賞与
利益が出た場合、ボーナスと別で支給される賞与です。

動画を鑑賞

018

警備員女子

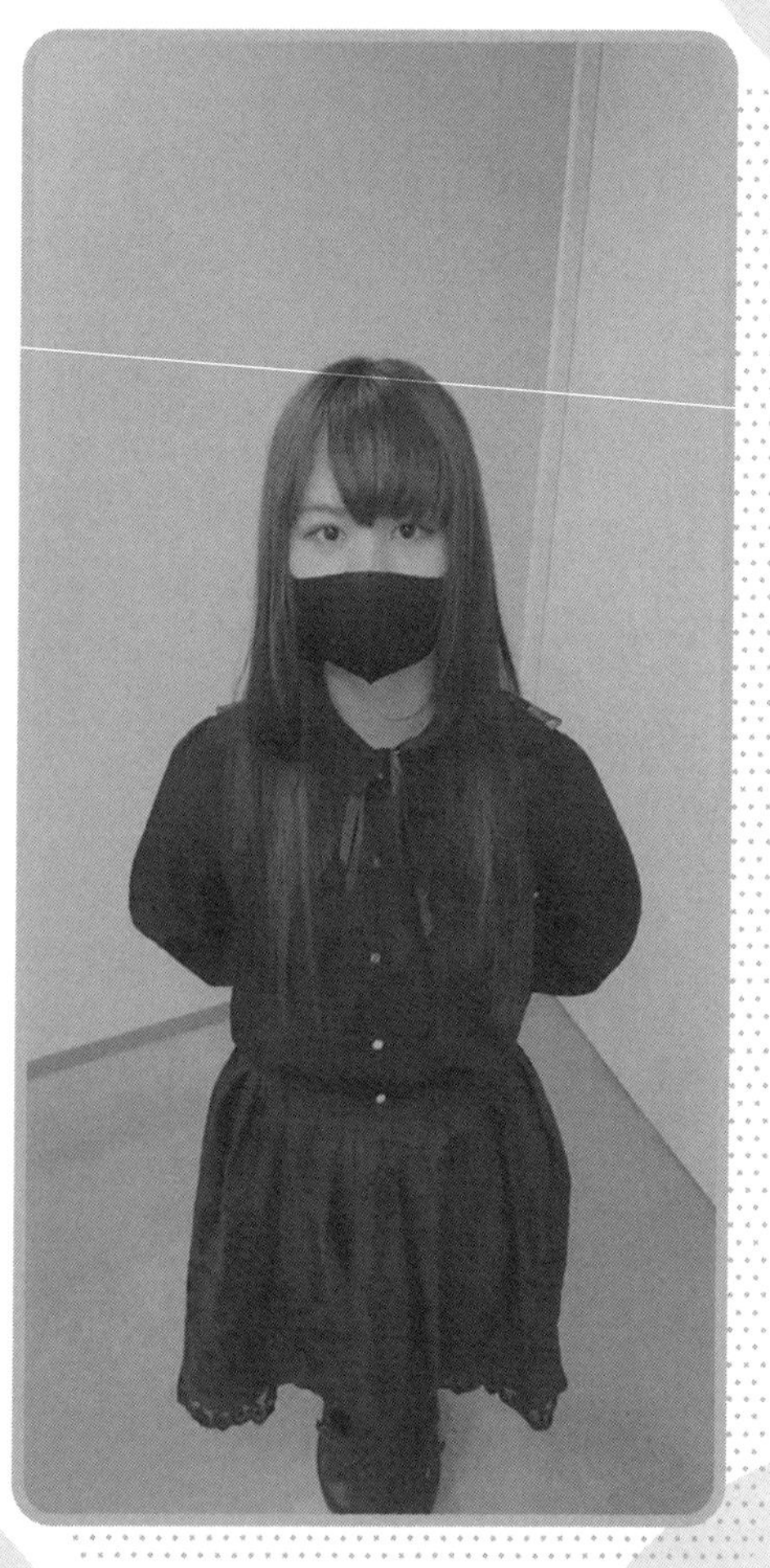

あらすじ

警備員の女性隊員が、仕事の合間に私服に着替え、リラックスして部屋で過ごしていた。勤務中とは裏腹に、プライベートな一面をのぞかせる。落ち着いた空間で、彼女は様々なポーズをとり、職場では見せない感情を表す。

彼女の動きは自由であり、自身の身体を使って様々なポーズを楽しんでいるかのよう。これはまさに、仕事においてプロフェッショナルな一面を発揮する彼女が、仕事の制約から解き放たれ、自分自身と向き合っている瞬間である。

彼女が部屋ではしゃいでいる姿は、仕事のプレッシャーや緊張感から解放され、自分らしさを取り戻している時である。

私たち働き手にとって、仕事とプライベートのバランスをとりながら、自分自身を表現し、心身のリフレッシュを図ることは重要だ。

制作の背景

女性の警備員をフィーチャーした新しい動画企画が誕生しました。わたしたちはとくに女性の採用を積極的に進めており、この動画では、視聴者にプロの警備員としての姿勢だけでなく、プライベートな女性警備員の一面も知ってもらうことが狙いでした。

女性警備員が普段着でポージングを繰り広げることで、視聴者にはかわいらしさや柔軟性が伝わることを期待しています。企画の背後には、仕事とプライベートを明確に区別し、警備員の仕事を身近に感じてもらうことが目的です。女性が活躍する場を広げ、採用活動にも寄与することが期待されます。

動画の制作はスムーズで、一発ＯＫで即座にアップロード。迅速な対応が、企画の成功につながりました。

この動画を通じて、女性警備員の魅力を多くの方々に伝え、警備業界への興味喚起につながればと思います。

あなたへのエール

自社PRも、個人に焦点を当ててみると、可能性が広がる。

フィーチャー
何らかの対象（ヒト、モノ、サービス）を取り上げて強調し、注目させることを意味する言葉。

動画を鑑賞

019

ホリケンダンス

あらすじ

今日もいつも通り社長と課長は仕事に励んでいた。だが、突然予定になかったコラボレーションが入り、お笑い芸人のホリケンがオフィスに。普段真面目な社長と課長が芸人さんと一緒にダンスを披露するなんて、とんでもないことだと周囲の社員たちはざわついていた。

しかし、ホリケンさんの持ち前の明るさとコミュニケーション能力が光り、いざ振付の練習が始まると、社長と課長もだんだんと打ち解けてきた。最初は全く同調できずにバラバラだったステップも、何度も練習を重ねるうち徐々にそろってきた。

そして本番披露。予想に反して、しっかりとした振付に乗せて社長と課長がキレキレに動き、ホリケンさんの妙技が加わって、迫力のコラボダンスが完成したのだった。

最後にホリケンさんがダイブしながら二人の腕の上を泳ぐように踊るパフォーマンスは予定外で、困惑するおじさんたちだった。

制作の背景

ホリケンさんとのコラボ企画第2弾。

他のコラボネタが終わって、あと1個作ろうとなり、急遽撮影しました。最近流行のダンスを取り入れ、アドリブでのパフォーマンスとなりました。

ホリケンさんにアドリブ部分をお任せしたら、ダイブするね！　という話になり、ホリケンさんが容赦なくダイブしてきて、面食らいました。

コラボレーションを考える際は、相手が際立つことと、自分の普段のキャラクターや企画が相殺されないように、両者が立つように考えます。

相手も目立って、自分も目立つ。なかなか難しいことですが、それを動画にすることで価値あるコンテンツが生まれるのです。

あなたへのエール

相手を立てるだけでなく、自分も立つには？と考え、実行しよう。

アドリブ
演劇、放送などで、出演者が台本にない無関係のセリフや演技を即興ではさむこと。インプロヴィゼーション（即興演奏）。

動画を鑑賞

020

『青春ブタ野郎』に合わせて踊ってみる

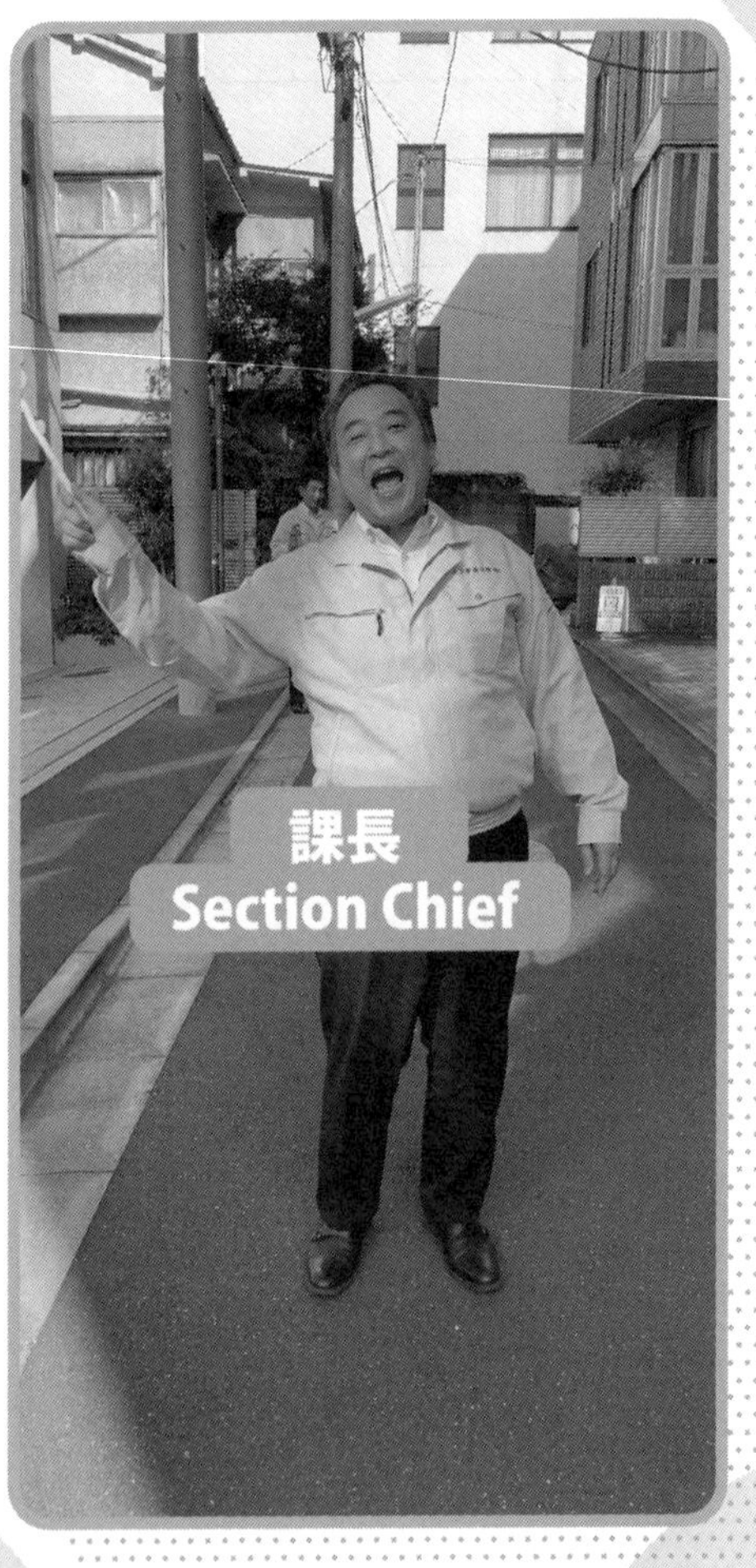

あらすじ

昼休みが近づき、課長と社長、教育長の3人は例によって会社の外で息抜きをしようと外に出た。

秋の日射しが照りつけるなか、3人は何やら意味深な身振り手振りでコミュニケーションをとっている。周囲からはちょっと変な光景に見えるかもしれないが、実は3人なりにストレス解消の方法を見出していたのだ。

それはちょうどよい気分転換になる「アカペラ」セッション。仕事で疲れた心身をリフレッシュするべく、課長がリードボーカルを、社長と教育長がその後にサイドボーカルで応える即興セッションなのだ。仕事の階級を超えて楽しく歌声を響かせている。

仮に通りすがりの人に聞こえても問題ない。ストレス解消&リフレッシュにはぴったりの昼休みとなっている。

制作の背景

こちらは海外で流行っていた『青春ブタ野郎はバニーガール先輩の夢を見ない　EDテーマ』を歌って、３人が各々違うことをするという動画でした。作業着を来た３人のおじさんたちがやったらどんな反応になるのか？　と、ワクワクして投稿しました。

世界中からkawaiiという賞賛をいただきました。この時には日本のサラリーマンが、かわいいものを持って踊るという異様な光景は、世界中の人々の想像を覆し、kawaiiという感情に変化するんだなぁと思ったのが印象です。

kawaiiと呼ばれる文化は世界中通用するようです。その後、「海外向けにバズる」という目標に立ち向かうことができるようになった作品だなと思います。

おじさん＝踊ると「kawaii」と思われていることを理解し、その後のマーケティングに利用しています。

あなたへのエール

おじさんが踊る
= kawaii。
であるなら、
踊らにゃ損。

青春ブタ野郎はバニーガール先輩の夢を見ない
青春ブタ野郎シリーズのひとつ。略称「青ブタ」。鴨志田一による日本のライトノベル。

動画を鑑賞

021

あらすじ

朝早くから重要なプロジェクトの打ち合わせがあった社長と部長だったが、夕方になってようやく大詰めの作業を終えることができた。一日中緊張の連続だった二人は、達成感と疲労感が入り混じった複雑な表情を浮かべていたのである。

そこで部長が切り出した。

「お疲れ様でした。これであの大型案件をようやく落とすことができそうですね」
「そうですね。みなさんの一生懸命なサポートのおかげです」と社長も頷く。

案件獲得に自信を深めた二人は、思わず意気投合し握手を交わした。するとBGMが流れ出し、ノリノリの音楽が充満する中、互いを見ては思わず吹き出し、創意あふれるダンスに。

二人は大仕事の達成感を表現するために、思いっきり踊りあげている。疲れも吹っ飛び、充実感に包まれた社長と部長。今日の喜びは、新たなプロジェクトの原動力になったに違いないはずだ。

制作の背景

前回、海外の方々から「kawaii!」と絶賛されたことをきっかけに、今回はさらに「かわいさ」を意識したダンスコンテンツを制作することになりました。どの曲を選ぶかを検討した結果、明るく元気いっぱいな曲調が合致する『スーパーマリオのテーマ』に決定。振付は可愛らしさ全開にしました。

踊り出すと、社長と部長の躍動感いっぱいに魅せる踊りっぷりと、曲調とマッチした明るい笑顔で楽しそうな姿が、見ている人々を幸せな気分にできたらな、という思いです。

視聴者からの反応は

「かわいすぎる！」

「こんな会社で働きたい！」

と持ち上げられました。

ブランディングにも、採用にもつながったことを実感できた作品となっています。おじさんが全力で踊ることで、多くの人々の癒しになるらしい、と不思議な感覚になりました。

あなたへのエール

全力で
楽しむことが、
まだ出会わない人々の
心を灯す。

スーパーマリオのテーマ
1985年に発売され、いまや名作となったこのゲームのテーマ曲の名前は「地上のテーマ（地上BGM）」。どこかで一度は聞いたことがある、超有名曲。

動画を鑑賞

022

おじさんのR指定ダンス

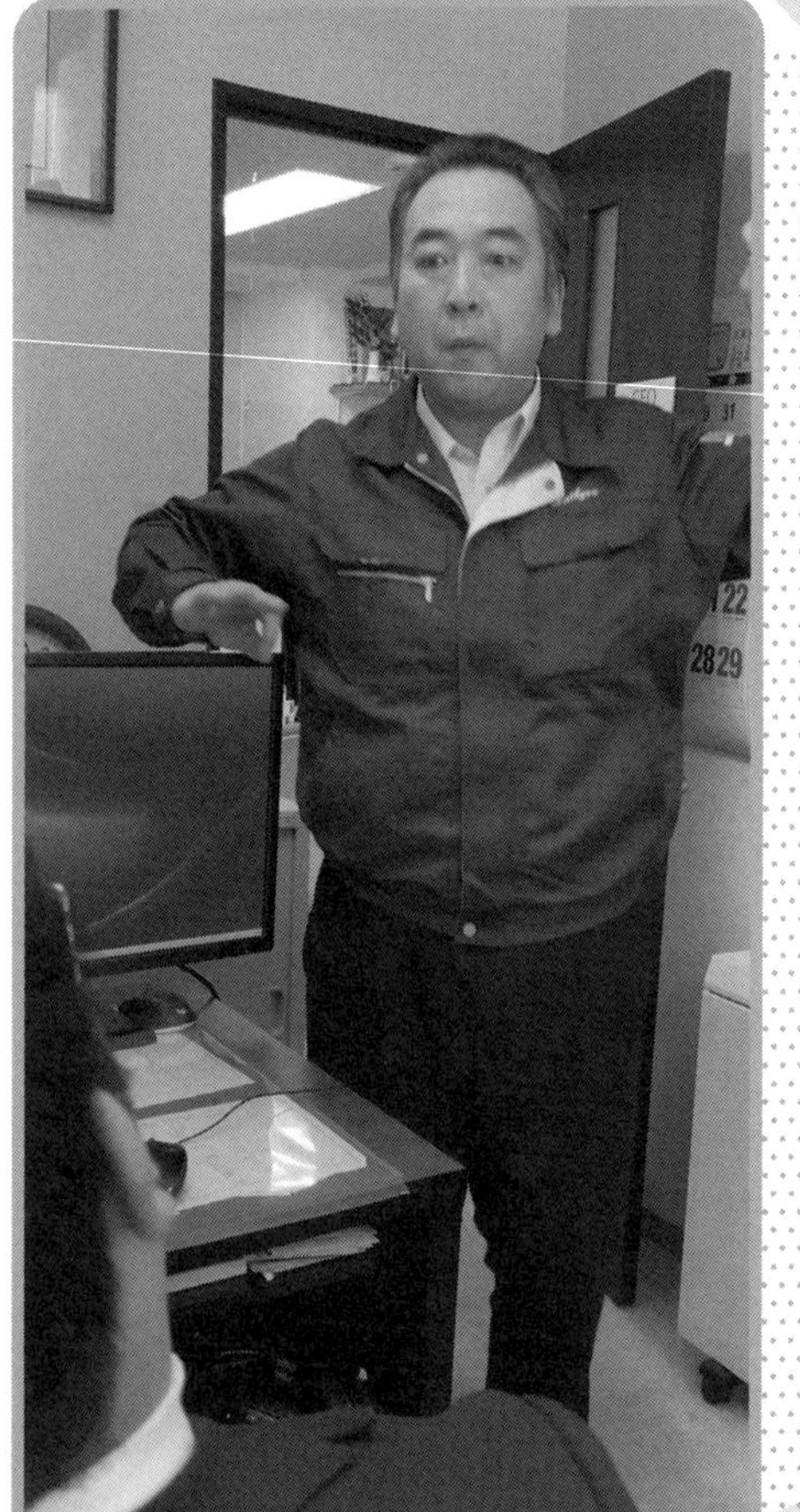

あらすじ

いつも我が物顔で勝手に社長室に入り込んでくる課長が、今日も元気よく「社長！」と声を張り上げて現れた。表情を明るく弾ませ、何かを力説している様子だ。

社長はいつも通り、課長を見上げて冷静な目で、課長を見続けた。課長の熱弁には、社長の表情はいつも通り冷めた態度をとった。

課長は最近受注した大型案件を無事納品し、顧客から絶賛されたことを自慢げに報告しているらしい。満面の笑みを浮かべながら、両手で大きな円を描き「受注額がこんなにもあったんです！」と得意げだ。

しかし社長は相変わらず薄情な反応。課長としてはせっかくの喜びを分かち合いたかっただろうが、社長には全く通じていない。

それでも課長は諦めずに自分の偉業をアピールし続け、昇給を迫っていた。しかしその反応は、社長の薄情な眼差しだけだった。

制作の背景

流行のラップとダンスを取り入れたこの作品では、課長がオリジナル曲の振付を真似て金銭をアピールするダンスを披露しています。一方の社長は冷たい眼差しで黙って見守るという対照的な構図がシュールな雰囲気を醸し出しています。

この映像の狙いは、真面目なイメージが強い警備会社が、実は若者文化を理解し、タイムリーな流行も取り入れられる柔軟性を持っていることを印象づけることです。過激なダンスとギャップのあるおじさんたちの姿は、意外性と遊び心で視聴者の笑いを誘うことができました。

流行は時代と共に移り変わっていきますが、その速さについていく企業こそがマーケットの第一線で活躍できるはずです。警備会社であっても、時代の空気感覚を掴み、私たちを知っていただくきっかけが大切だと考えています。

あなたへのエール

お金という生々しいテーマだからこそ、音楽とリズムにのせ、かっこよく。

マーケット
定期的に人が集まり商いを行う場所。金融市場をさすことも。

動画を鑑賞

023

グッチダンス

あらすじ

今日は社長が衣装を変えながら楽しげに歌っている。スーツ姿や警備服を身にまとい、歌とポージングで活気溢れるパフォーマンスを披露している。

このパフォーマンスには、警備の仕事に対する真摯な姿勢と、会社のアピールを一手に引き受ける社長の意気込みを表現している。

制服姿でのパフォーマンスは、警備業務の堅実さやプロフェッショナリズムをアピールする一方で、社長の柔軟性と遊び心も表現している。

歌とポージングを通じて、社長は企業文化を体現し、警備業の堅実なイメージに新たな一面をプラスしているのだ。

この取り組みは、従業員や取引先との良好な関係構築に寄与するだけでなく、企業全体のポジティブな雰囲気を醸成しているのである。

制作の背景

新年早々、流行りの音源を駆使し、警備の多様性を服装でアピールする動画を制作。警備業界は一般的に注目されることが少なく、警備員という職業に興味をもってもらうことは難しいです。この動画は新しいアプローチで注目されることを狙っています。

動画では、流行の音楽にのせて、異なる警備の側面をファッショナブルに披露しています。様々な警備服を着た社長が登場し、その職種の幅広い特徴を楽しく紹介しています。

この斬新な発想により、一般の人々にとっては馴染みのない警備業務が、新しい視点から理解されるきっかけとなればと考えました。

流行の動画と警備の融合は、職種のイメージを一新し、興味を引き寄せる効果が期待されます。

このアプローチは、従来の堅苦しいイメージを打破し、若い世代や幅広い視聴者に向けて、警備業の多様性をアピールする意図がありました。

あなたへのエール

ファッショナブルな
警備会社が
あってもいい。
あなたの会社も
ファッショナブルに。

動画を鑑賞

024

絶対に成功させようね

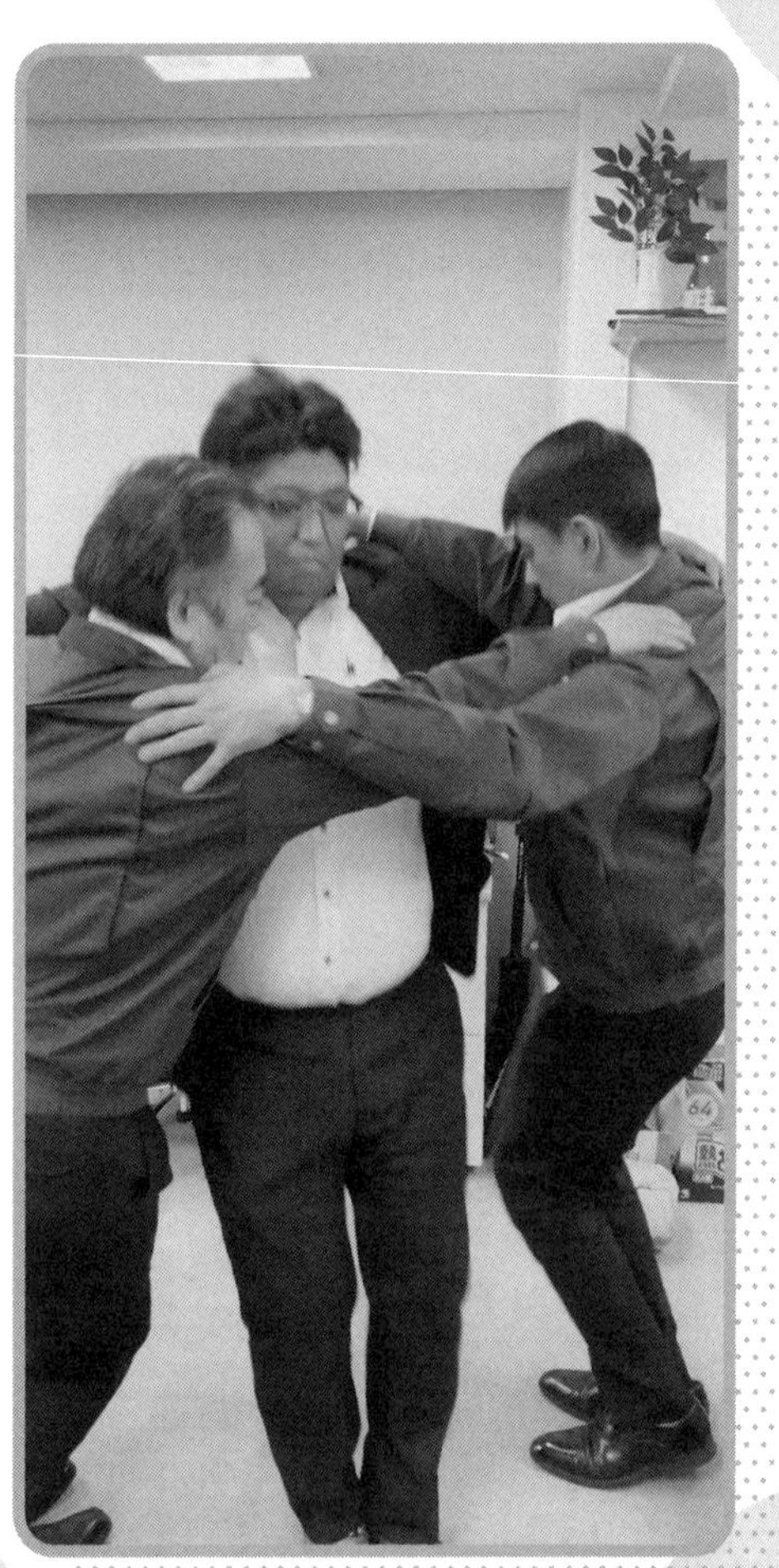

あらすじ

重要なプロジェクトの最終局面を迎え、部長、社長、教育長の幹部三人が今日こそ成功をおさめるべく意気込みを新たにしていた。三人が部屋に集まり、力強く手を交わすと、次第に熱がこもってきた。

「絶対に〜、成功させようーねー！」

お笑い芸人、ヨネダ2000のフレーズから始めた。

互いの決意を胸に刻み、三人で円陣を組んで妙なポーズ。「さぁ、いくぞ‼」の合図で体を揺らし出す。突如流れ出た音楽に合わせて思い思いのパフォーマンスを繰り出す。

激しいステップで飛び跳ね、はじめはしっかり合っていた動きも、徐々に三人の息が乱れ始め、余裕の表情から不安の表情へと変わる。

プロジェクト成功に向けた緊張感と、その先の喜びを予感して楽しむ三人。

仕事を楽しむ心が、結果を左右する。部下たちも含め周囲の目を和ませながら、成功への期待感が高まっていくのだった。

結果、成功できなかったにもかかわらず、爆笑で締め括られた。

制作の背景

『にんげんっていいな』の曲に合わせて、三人でリズムに合わせて跳ねるというTikTokの動画があり、それを会社員のおじさんたちが、ぴょんぴょん飛ぶとかわいいんじゃないかという反応を考え、投稿した動画です。

失敗を前提で考えていたので、練習は1回だけで、本番にしました。案の定、グダグダになり、そのことが再生数に大きく影響し、コメントも上々でした。

「絶対に〜、成功させようーね!!」はM－1に出場したヨネダ2000が使っていたフレーズで、耳に残ります。このフレーズと「絶対に失敗する」を掛け合わせたら面白いだろうと目論見ました。

おじさんたちが失敗を披露する様子は、若い人たちや女性にとって、ツボるようです。

あなたへのエール

他人の失敗は蜜の味。
カッコ悪い
あなただって、
素敵に見えるはず。

M-1
グランプリ。M-1 吉本興業と朝日放送テレビ（ABC テレビ）が主催する日本一の若手漫才師を決める大会である。

ヨネダ 2000
女性二人組のお笑いコンビ。

025

動画を鑑賞

定番のダンス・ナンバーで踊ってみる

あらすじ

社長と部長が、いつもの場所である社屋裏の階段をサッと駆け下りてきた。ちょうどお昼休みの時間帯で、人通りの少ない裏道。二人とも満面の笑みを浮かべ、リラックスした様子で体を揺らし始める。

二人はスマホから往年のダンスミュージック、『君の瞳に恋してる』を流し、似ても似つかない、ズレたリズムで踊る。

社長と部長の表情からはネガティブな感情は微塵も感じ取れない。通常の堅苦しい仕事ぶりとは打って変わり、思いっきり汗を流すパフォーマンスを繰り広げていく。

プロジェクト完遂の喜びが示すように、成功の陰には疲弊もあった。しかしこのダンスタイムで、久しぶりに思い切り身体を動かすことで、気分も新たにしている。現実逃避的ともいえるが、そこにこそ平穏な日常を取り戻す揺藍（ようらん）（初心）があるのかもしれない。

制作の背景

海外でおじさんが踊っているバズ動画をヒントにやってみました。

全力の笑顔で、全力で踊るというのも常に意識しています。動画において最初のポイントは演技っぽくならない状態を作ること。表情が陰ると楽しく見えないので、とにかく心から笑顔になることを意識してます。

たいてい5回くらいは動画撮影します。外なので、ワイヤレスイヤホンを付けて、耳で聴こえる状態だけにして撮っているので、実際外では無音で撮っています。

楽しむことと、なるべく時間をかけずに撮影すること。

動画を長く続けられる理由もこだわりすぎない、ある程度の素人ラインで頑張るというルールで行っています。

あなたへのエール

スタンダード・ナンバーで、恥ずかしがらずに踊ってみよう。

『君の瞳に恋してる』

『Can't Take My Eyes Off You』。フランキー・ヴァリが1967年に発表した楽曲。数多くの歌手にカバーされているスタンダード・ナンバー。

動画を鑑賞

026

部下が仕事をしません

あらすじ

社長は普段から真面目な性格で、仕事現場での規律と効率を何よりも重視している。しかしこの日ばかりは、業績目標を達成した喜びから、部下が思い思いに仕事を放り出してしまったのだ。

社長が部下のいる部屋に足を運ぶと、いつも働き者で知られる部長が思いきり体を揺らしている。驚いた社長が隣を見ると、今度はいつもクールな教育長までが、音楽に合わせて両手を上げてにこやかに踊っていたのである。

社長は失望と立腹の表情で周囲を見回す。仕事をそっちのけで踊るなど、到底許されることではない。目標達成を喜ぶ気持ちはわかるものの、職場の規律を逸脱する行為には違和感を覚えずにはいられない。しかし、彼らの喜びそのものを否定することもできまい。複雑な心境で立ち尽くす社長であった。

制作の背景

海外で流行していた、ダンスと音楽を会社に当てはめて作った動画。

弊社の動画コンセプトが「部下が上司に仕掛ける」というコンセプトなので、右を見ても左を見ても踊っている部下がいるという映像が頭に浮かびました。

仕事をしているはずの中年の男性が惜しみもなく、全力でダンスを踊っているというのを仕事中に見ることはなかなかないと思うので、最初は踊っているおじさんたちが入らないように画角を確認し、右、左とカメラをしっかりと振り切って、自分が入らないようにすることを徹底しました。

おじさんたちが中途半端にならないように、もっと、全力で踊って！　笑顔になって!!　など演技指導も入ります。そうして、できあがった作品です。

あなたへのエール

何事も
全力投球こそ
勝利の法則。

COLUMN 2

警備員に特別な権限は与えられていない

警備員ができる業務は、危険防止を目的とした交通誘導、施設管理権に基づく声掛けや入館拒否、現行犯の取り押さえです。一方、警察のみに許された権限として、通常・緊急逮捕、取り調べ、職務質問・所持品検査、遺失物管理、強制的な交通整理があり、これらを警備員が行うと法律違反となります。

Chapter 3

仕事は楽しいかね？

掲載されている動画音声は音楽著作権の関係で
変更・停止される可能性があります。

動画を鑑賞

027

課長、ありがとう

あらすじ

ホワイトボードを真剣に見つめ、仕事に集中する課長の姿がある。電話をしながら、笑顔で話している。そして自席でお弁当を食べ、昼休みを楽しむ姿がある。忙しく働くオフィスに、昼下がりの日差しが穏やかに差し込んでいる。

少しずつ仕事のペースが落ち着き、ほっと一息つく時間が訪れる。課長はコーヒーを飲みながらスマートフォンを操作し、時にはジェルシートを片手に談笑もしつつ、次の仕事に備えているのだ。

日が傾き、オフィスの日差しも外の景色もオレンジがかった色合いに変わっていく。いつもの時刻が近づき、課長が仕事場を後にする。

「お疲れ様でした」の声を社員に投げかけ、満足げに帰宅する。こうして今日も、働きづめの1日を果たしたのだ。

制作の背景

音源を聞いた時にどこか懐かしい感じがして、頭の中に浮かんだのが「寂しさと楽しさ」が同居しているさま。

おじさん会社員の1日をショートムービーで表したら、素敵なものになるかなと思って作ってみたところ、心にぐっとくるものがあったのか、多くの視聴者からの評価を得られました。温かみのあるBGMのセレクトがよかったようです。

年配の男性の頑張っている風景を1コマずつに収めて、勤務時、昼飯時、休憩時、撮影時、帰宅時など、「私のお父さんは会社で何をしているんだろう?」と、家族が思い描くお父さん像を中心に考えてみました。

この動画のように、1日を過ごして家に帰ってくるだろうな、と思っていただけたら成功です。

あなたへのエール

ありきたりの
日常を映しても、
人々は意外に
共感する。

ショートムービー
数十秒から3分程度の短い動画。短時間で伝えたい内容が盛り込まれた動画のことです。

動画を鑑賞

028

家に帰るまでが社交辞令

あらすじ

社長をエレベーターまで見送る課長。深々とお辞儀をして、社長がエレベーターから降りた瞬間、課長は頭を上げると同時に表情をゆがめ、拳を握りしめ怒りを爆発させた。社長に心ない言葉を投げかけられ、我慢の限界を超えてしまったのだ。課長は激しく拳を振り上げ、挑発行為を繰り返す。課長の怒りはとどまるところを知らない。

課長がふと左側を見ると、エレベーターで送ったはずの社長の姿があった。無言で課長を見つめる社長の表情に、課長の顔から血の気が引いていく。

さっきの暴れっぷりを、社長に全部見られてしまっていたのだ。

課長はあわてて深々と頭を下げた。社長は今のは何だったの？　と言わんばかりに踊って挑発をしてきた。

自分の非を詫びなければと、ひたすら謝る課長の姿があった。

制作の背景

普段部下が思っていそうなことを表現しました。社長を見送るシーンから、鬱憤をはらすように攻撃的になるシーン、社長がマッハの速さで外階段から昇って来て、見送ったはずなのに「そこにいる」というシーンを作りました。

定点で固定して倍速にすることにより、見送ったはずなのにすぐいる！という表現ができました。しかし実際には、社長が戻ってくるまでには1分ほどかかっています。

動画編集の技法を使うことで、このような印象的な表現ができることに気づきました。全てを倍速にするのではなく、部分的に超倍速にしたり、通常の速度にしたりすることで、違和感なくテンポよく描写できました。

シーンの区切り方と速度の変化が重要だと実感しました。カメラを定点にすることで面白い撮影ができました。

あなたへのエール

定点で
あるものや
事柄を観測
してみると、
意外な発見がある。

動画を鑑賞

029

部長に任せたら

あらすじ

社長が部長へ無線で指示を出している。このような仕事風景は映画的で、今回は特別な任務のようだ。社長は部長に対し小声で、「ターゲットは見えるか」と指示を出す。部長は薄暗い場所から何かを構えて、まるでスパイのように振舞っている。

「その右に見える人間」

社長の合図で、忠実な部長は指示を察して仕事を終えた。

「彼は私の息子だ」

部長は誤って社長の息子を手にかけてしまったのだ。

部長は自分の失態を知り、みるみるうちに蒼白な表情になっていく。

事前にしっかり状況を確認し、ターゲットの容姿を社長から聞き出しておけば、この惨事は避けられた。ただ盲目的に社長の指示に従ったことが、この悲劇を招いてしまった。

部長は自分の甘さを悔やみ、これからは命令の意味をよく確かめた上で行動しようと決意する。

制作の背景

この動画もその当時流行していた動画を私たちなりに撮影しました。

上司と部下の関係だから非常にやりやすかったと思うのと、警備会社なので無線があったのでさらに表現しやすかったというのがあります。

口パクのタイミングだけでなく、銃を撃つ仕草などもすべてタイミングが決められているので、そのタイミングが合わなくて、何回も撮影しました。

また、モノを銃に見立てたり、英語に慣れていない二人が口パクで合わせたりするのも難しく、何回も練習し、演技をどのようにするかなども大変でした。

撮影の光源の関係から、部長は倉庫内で撮影したのですが、倉庫が狭く、カメラの画角を決めるのに、かなりこだわりを持って撮影をしました。

あなたへのエール

顔で演技できれば、言葉以上の威力を発揮できる。

口パク
音声と同期させて口元を動かすこと。

画角
カメラで撮影される範囲をどう切り取るか？　28mm、35mm、50mm、90mmなど、レンズの長さによって適切に表現できるシーンが決まってくる。

030

動画を鑑賞

時間には切り上げます

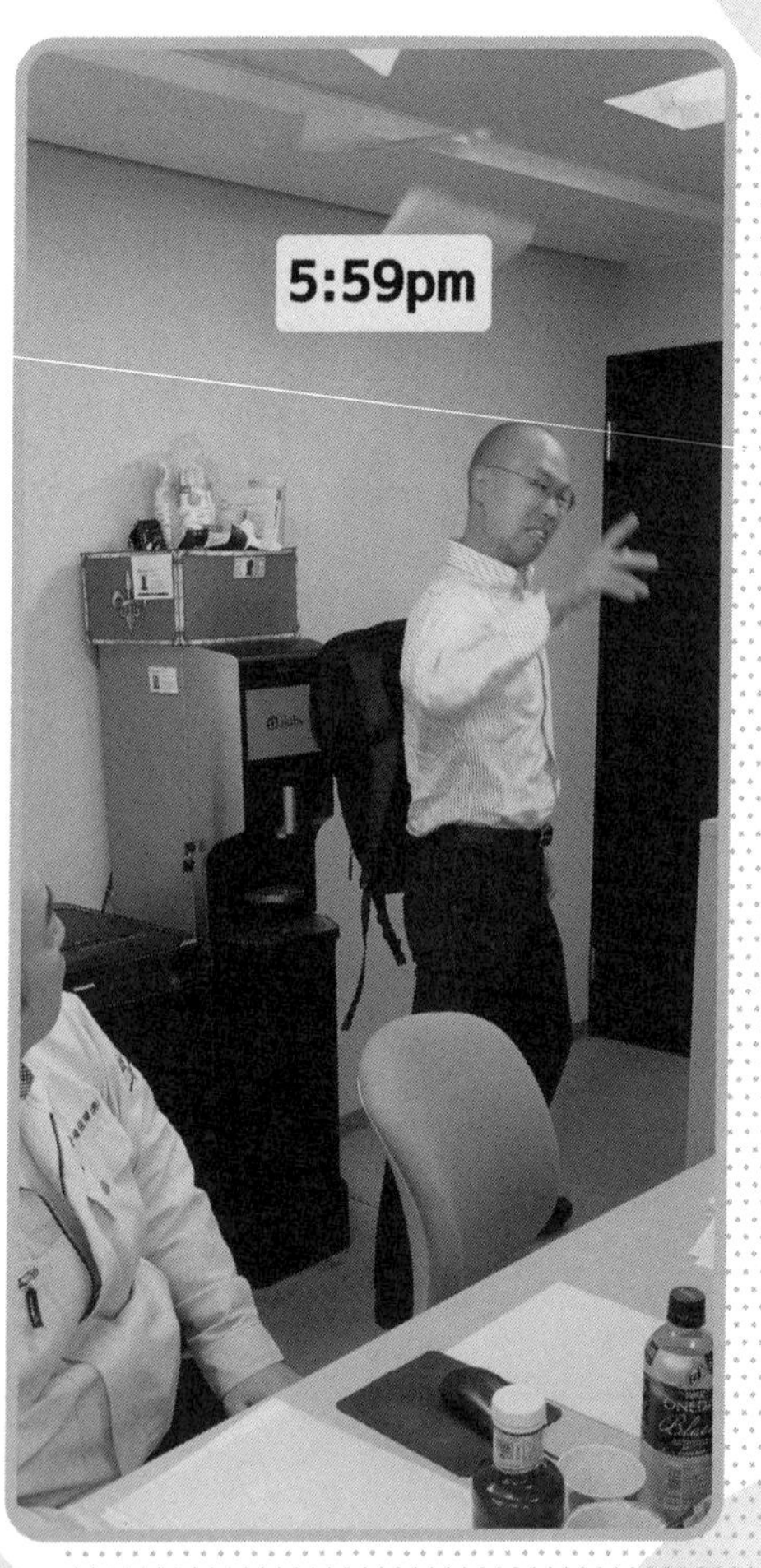

あらすじ

夕方5時59分、仕事終了の時刻が迫っていた。部下はすっと立ち上がり、机を片付け、カバンを背負い帰り支度を終えようとしていた。

そこへ部長が、残業と残った仕事を依頼し始めた。仕事がまだ山ほど残っていることを必死で伝え、書類を渡そうとする。しかし部下は「今日はもう駄目です。明日にしましょう」と断った。だが部長は耳を貸さない。

6時になり、我慢の限界だった部下は、書類を奪い取ると上空に放り投げ、残っている社員に悪態をついた。

部下の突然の行動に部長は驚愕した。仕事が終わらないのに帰られては困る、と必死で訴えたつもりだった。

しかし、振り返ってみれば、部下の事情を考えずに押しつけがましかったと反省した。最近の自分は短気で、部下の気持ちを理解しようとしない傾向にあることに気づかされたのだった。

制作の背景

これも海外で流行していた動画ですが、日本の会社というのをテーマにアピールする形で動画を作成しました。

海外から見た日本の会社員の印象は、とにかくよく働き、縦社会で上司に逆らわないというニュアンスがあると聞いています。

そこを逆手に取って、今の日本人の部下は定時に帰る、というシナリオを作りました。

国内外の反応は「こんな会社なら働きたい！」というコメントが多く、時代の印象として、こういう会社が良い会社とされるのは世界共通だと実感しました。

日本のサラリーマン文化の印象をひっくり返し、ワーク・ライフ・バランスを重視する企業文化をアピールすることで、国内外で共感を得られたようです。

あなたへのエール

文化の違いを受容することが新しさの種。

ワーク・ライフ・バランス
一人ひとりが自分の時間を、仕事とそれ以外で、どのような割合で分けていくか、どのようなバランスにしていくかを考えて働くこと。

動画を鑑賞

031

退職覚悟のお願い

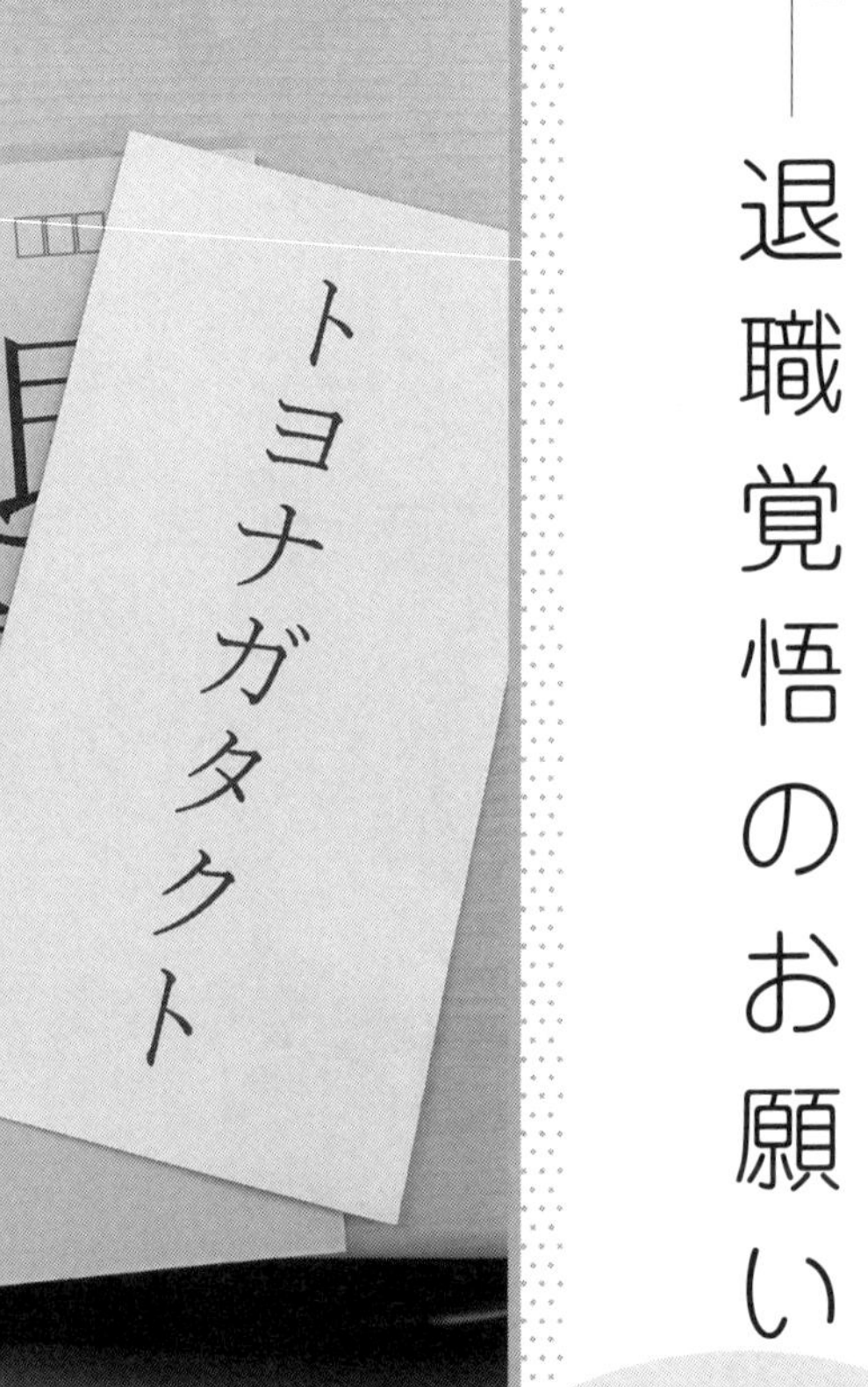

あらすじ

退職届と1枚の紙に「トヨナガタクト」と書かれている。その紙を部長がおもむろに退職届に入れ、いつものように社長室に向かう。部長はいつになく真剣だ。

退職届を社長に渡し、動揺する社長。中身を取り出し、何コレ? と切り出す。

部長は訳も分からず「トヨナガタクトをお願いします」と申し出る。

社長は忙しいからと相手にしない様子だ。そんな回答を予想していたかのように、「本物の退職届」という封筒を出す部長。SNSで話題のトヨナガタクトをやらないと退職する気のようだ。

社長が「トヨナガタクト」とやる気のない声を出すと、ダメ出しをしてくる部長。満足いかないようである。

「マンキン(めいっぱい)でお願いします」と部長。社長は全力で「トヨナガタクト」を演じ、満足する部長であった。

制作の背景

日本でバズるにはどうしたらいいのか？　というのを考えて作ったコンテンツです。しばらくは非言語で海外向けにやっていたので、日本でバズらせるために、冒頭で人が退職するシーンを見ることはあまりないなと想像して、退職届を提出するというインパクトのあるツカミを持ってきました。

聞きなじみのある音楽で緊迫感をつけて、この時に流行してた話題が「トヨナガタクト」。K-POPオーディションに行った日本人の高校生、トヨナガタクトがTikTok上で流行となっていたため、その流行と退職届を合わせて、ストーリーを作りました。

人手不足や、労働基準法がどんどん強くなっていく今の時代、「退職すると立場が弱い会社」というのを引き出せた作品になりました。

あなたへのエール

退職届と
トヨナガタクト。
関係ないものを
組み合わせて、
仕事を楽しむ。

トヨナガタクト
韓国で放送されているアイドルオーディション番組『BOYS PLANET』の出演をきっかけに人気を博した。将来が最も期待される日本人アイドル。

マンキン
「滑っていても手を抜かずに最後まで芸をやり続けること」や「目いっぱい」という意味を表す言葉。出自は不明。

032

動画を鑑賞

退職届、ANAコラボ

あらすじ

部長は味を占めたのか、またも退職届を持って、社長室へ向かう。部長が退職届を持ってきたことに、うなだれる社長。中身を見ると「ＡＮＡ飛行機」の文字が入っていた。「飛びます」と部長が言うと、社長は困惑していた。すかさず部長は、別の封筒を差し出し、そこには「覚悟の退職届」と書かれていた。中身を見ると本物の退職届が入っており、覚悟が決まっていると諦めた社長は、部長の「飛びます」という軽快なギャグを受け流し、意味を理解しないまま、部長についていくことに。

ついていくと、そこは空港。

飛行機の前で飛ぶということ、どこか別の国、もしくは、別の町に行くのかと思いきや、どうやら違うらしく、「ジャンプをする＝飛ぶ」という意味だった。

飛行機を二人で飛び越えると、二人とも巨人化してしまい、飛行機より大きくなってしまったのだ。

「どうやって小さくなるの？」と聞くと、「このまま帰りましょう」と部長。訳の分からないまま、部長にしたがう社長であった。

制作の背景

退職届の動画が、そこそこ良い数字だったことと、ＡＮＡさんとのコラボ回で、もともとＡＮＡさんがやっていた、「ジャンプすると飛行機を飛び越える」という錯視を利用したコンテンツがあり、これをヒントに自分たちが飛行機を飛び越えて大きくなるという逆転の発想でストーリーを構成。

視覚効果を最大限に生かしつつ、ＡＮＡさんならではのコラボ価値を高める内容とすることを心掛けた結果、インパクトある出来栄えの動画を完成させることができました。

コラボでは相手先のブランド価値を最大限に活用するアイデアが大切ということを改めて認識するよい経験となりました。

コラボ動画づくりは奥が深く、相手を理解した上での作品作りが不可欠であると感じました。

あなたへのエール

大企業とのお仕事は、
自身を成長させる、
きっかけになる。

動画を鑑賞

033

飛行機遊び

あらすじ

仕事の休憩中、部長は飛行機の模型で楽しそうに遊んでいた。するど背後から教育長が忍び寄り、部長の肩を叩いて模型を取り上げ、「会社でこんな遊びをするなんて何事だ！」と言いつけた。

大切な模型を奪われ、ショックで泣き出す部長を、偶然隣でその様子を見ていた社長が怪訝な顔つきで近寄ると、泣きじゃくる部長の首根っこを掴んで、外のどこかに連れ出した。怒られる覚悟を決めた部長は静かに従うのだった。

放り出された先は空港で、目の前には本物の大型旅客機が！

喜び勇んでその迫力に見入る部長を、キャビンアテンダントが機内に案内。

満面の笑みを浮かべながら大型旅客機の外観を堪能する部長の姿を見て、社長はニヤリとした表情で大満足な様子だった。

制作の背景

こちらはＡＮＡさんとのコラボ第二弾で、非言語で表現。仕事中に遊んでいるのを怒られた部長は、社長に首根っこを掴まれ、行った先が空港というストーリーです。

一眼レフで撮影したことにより、いつもより高画質な動画になりました。ＡＮＡさんの広い認知度があるからこそできた作品です。

また社会人になって会社で子どものように飛行機で「ごっこ遊び」するというのは許されることではありません。にもかかわらず、社長が部長の飛行機への想いを受け入れています。「そんな職場風景はあり得ない」そう観ている方が感じていただければ、私たちとしては成功です。

飛行機には夢があります。そんなロマンをＡＮＡさんや大京警備保障に感じていただければと思いました。

この動画がよかったのは、普通は経験できない、飛行場での撮影ができたところです。それが、より映像のリアリティにつながりました

あなたへのエール

飛行機、飛行場は
ロマンの塊。
職場にロマンを
取り入れてみよう。

動画を鑑賞

034

社長を討伐せよ

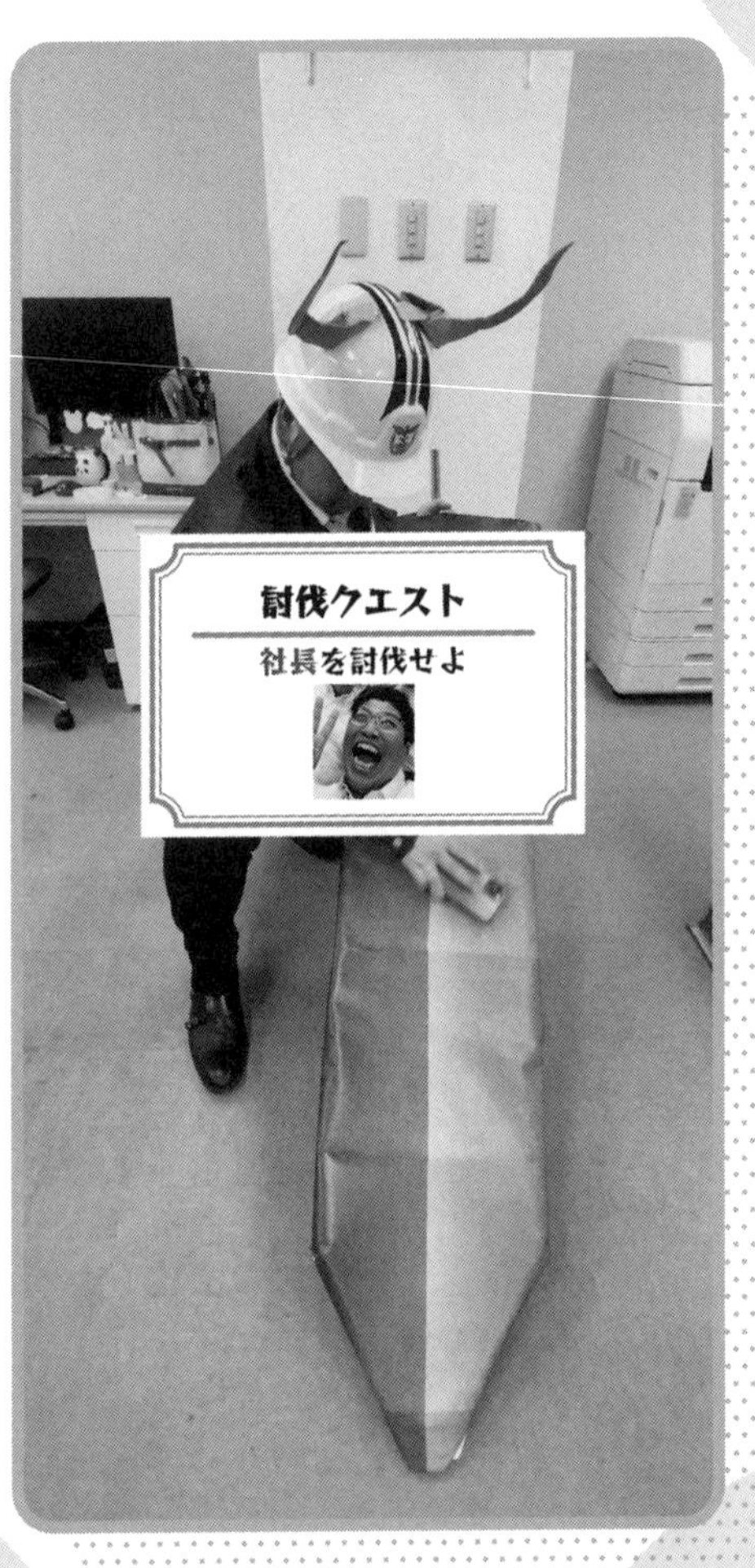

あらすじ

職場にはファンタジーな雰囲気が漂い、ＲＰＧゲームの様相を呈している。

部長は勇者風の恰好に身を包み、「社長討伐クエスト」という文字が貼られた。部長は巨大な剣を砥石で研ぐそぶりをしている。頭には角をつけ、剣の手入れをしっかりと済ませ、納得の表情。その備えが整ったところで、入口から構えた剣を引きずりながら入っていく。

少し歩いたところで、無防備な社長を発見。気づかれないうちに背後に立ち、全身の力を剣に込めて力強く切り込む。大ダメージを食らった社長は、痛みでうずくまると、出口を目指して逃げ出した。

しかし部長の２閃目が待っていて、打ち倒された社長はその場に崩れ落ちる。

討伐完了を告げるファンファーレが鳴り、満足げな部長が勝ち誇ったポーズをとるのであった。

制作の背景

SNSに若い層の人たちがいると思っているので、若い人たちが喜びそうなモンスターハンター風のゲームっぽい映像を作ってみたいと思い、画像や効果音などかなりこだわりをもって作成しました。

「社長討伐クエスト」というタイトルは見たことも聞いたこともないと思うので、それを見たユーザーが、なんだ!? とスライドする指を止めて、最後まで観てくれると思いました。

小道具から、画像、効果音と、著作権をしっかり守り、よりRPGに近いかたちで作成したのがポイントです。

制作時間はかかりましたが、満足いく作品となりました。

あなたへのエール

文化祭でやるような本気度を仕事に取り込んでみよう。

モンスターハンター
カプコンから発売されているアクションゲームのシリーズ。

動画を鑑賞

035

1週間ドッキリ

あらすじ

社長は部下から始まったいたずらに1週間も悩まされていた。
月曜日、部下と重要な打ち合わせしている最中に「パンッ！」と紙鉄砲を食らう。
火曜日、出勤時のエレベーターを降りる直前に。
水曜日、忙しい1日のスタートで社長室からさっそうと出てきた瞬間に。
木曜日、休憩のためトイレに向かう途中の後ろから。
金曜日、空いている時間に冷蔵庫で飲み物を物色している際。
土曜日、大事な会議が終わりほっと一息ついてスケジュールを確認しようとした時。
日曜日、トイレ個室に入った時に紙鉄砲を食らう。

1週間毎日続いたドッキリ騒ぎもついに終幕を迎えたが、社長の記憶からこのショックは長く消えることがなさそうだ。

制作の背景

「1週間社長にいたずらを仕掛ける」というシリーズが、どこまで観られるかという実験で行いました。どっきりは結構数字がとれるので、動画ではあまりやっていない「紙鉄砲」を使って、「懐かしい」と思わせるのが狙いでした。

基本的には部下が上司にいたずらを仕掛けるというシンプルな設定ですが、上司が怒らずに冷静に受け止めることで、視聴者も好意的に見てくれるのではないかと考えました。

どっきり動画の醍醐味は人の反応を見ることにあるので、その視点に立って撮影しました。撮影と編集の手間が少なくスピーディにコンテンツを作ることができる点も魅力的で、1週間という期間を通して、社長の変化や視聴者の反応推移を検証できるといった意味合いも含め、比較的低コストで効果的なシリーズになりました。

あなたへのエール

あなたが上司であれば、
部下に花を。
あなたが部下であれば、
上司に花を。

紙鉄砲
子どものおもちゃ。折り紙の一種で、振ると紙が開いて空気抵抗と紙の摩擦により大きな音が鳴る仕組みに折られたものである。

動画を鑑賞

036

ストリートスナップ

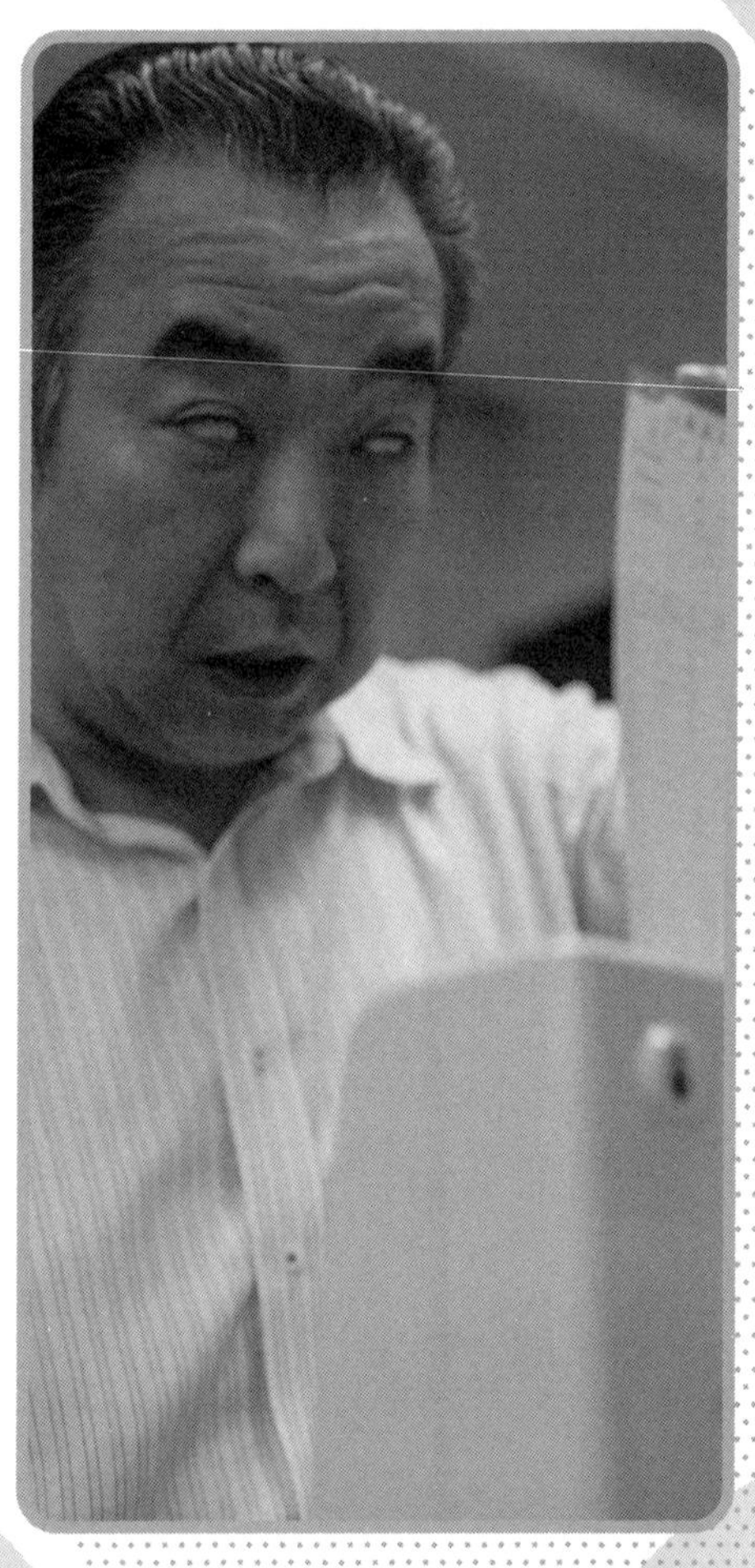

あらすじ

部長はこの日も業務中で、顔には疲れがにじんでいた。

ようやく仕事が終わり帰ろうとしていたところ、社長に似たカメラマンが声をかけてきた。今日も新たな被写体を物色していたカメラマンは、疲れた表情の部長を見つけるや否や、自分の趣味であるストリートスナップ写真の被写体に部長を使いたいと頼んできた。

しかし疲れた表情の部長に写真撮影の気分は毛頭なく、残業を理由にすぐに帰宅しようとした。しかし熱心なカメラマンは諦めず、強引にモデルとして利用しようとする。

迷惑そうな部長は制止を振り切ってオフィスを後にし、階段を駆け下りて建物から出た。急いでいたためか、部長は階段で足を踏み外し、転げ落ちてしまった。その瞬間をカメラマンはすかさずカメラに収めるのであった。

制作の背景

TikTokで話題となっているストリートスナップを参考にしつつ、わたしたちらしいアレンジを加えたコンテンツを制作しました。

基本的なストーリーは、残業後に上司に呼び止められ、ちょっとしたいたずらをされるというもの。その際、あえて会社の設定は残しつつ、面白おかしく撮影したスナップショットを意識しました。

とくにおじさん社員の写真映えしない瞬間を切り取るように撮影することで、TikTok的要素を取り入れながらも、違和感のない内容に仕上げました。

流行の手法を取り入れつつ、独自のアレンジを加えることで、コントのような完成度が高まった作品になりました。

あなたへのエール

上司と部下の間に「笑い」があると、職場に自由な空気が生まれる。

ストリートスナップ
街で見かける若者たちの服装や着こなしを撮影したスナップ（早撮り及び即興）写真のこと。

動画を鑑賞

037

絶対に取りたくない電話

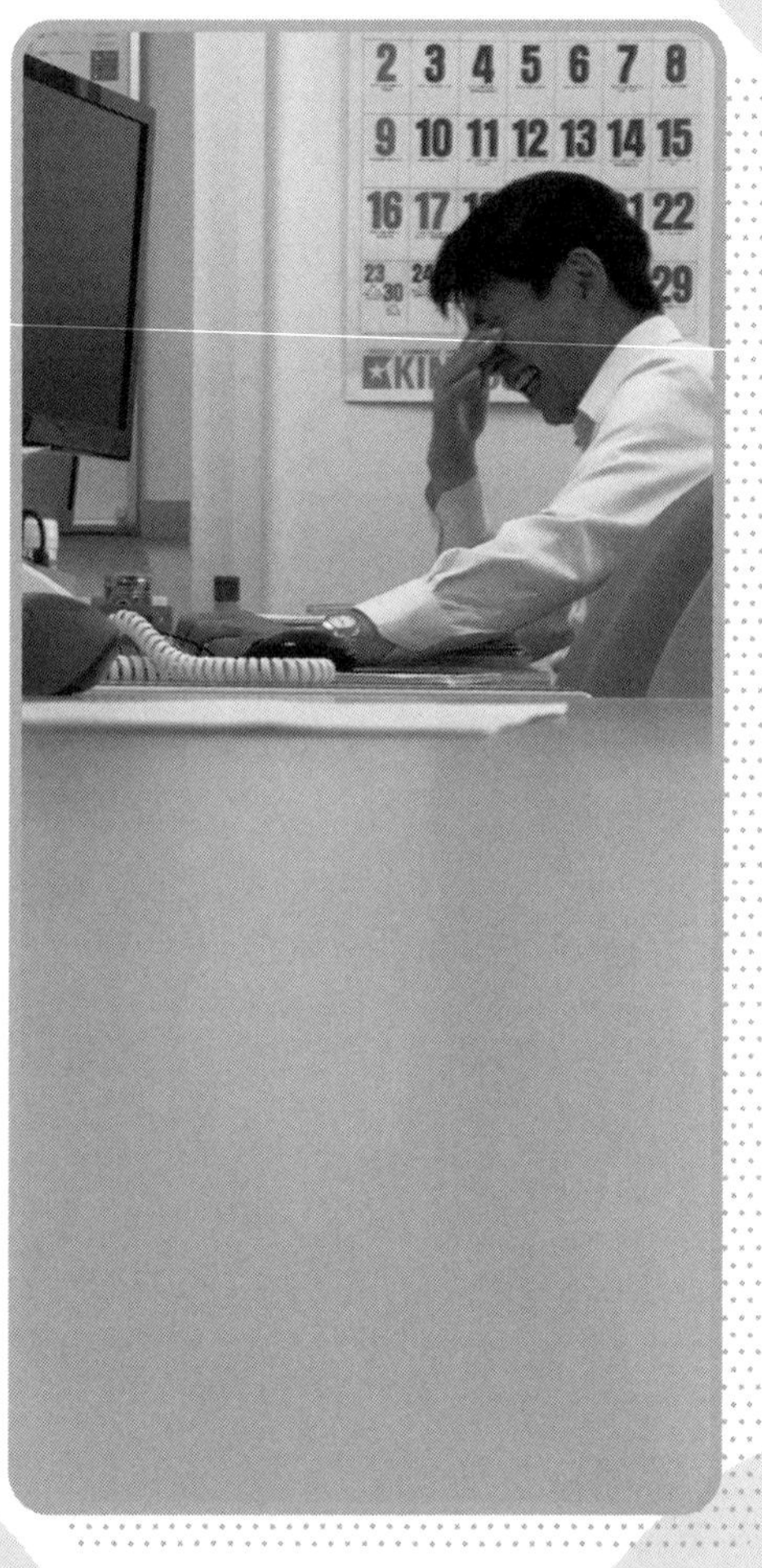

あらすじ

事務所で教育長がひとり大声を上げていた。クレームの電話が相次いでおり、教育長の機嫌は最悪だ。事務所内の電話が鳴り止まないが、教育長は頑として出ようとしない。

「クレームの電話に出たくない、出ない！」

そう繰り返す教育長は、周囲に誰もいないのに大声で叫ぶ。鳴り止まない電話に苛立ちを隠しきれず、受話器側をにらみつける。でも出る気配を見せない。

『しつこいな。我慢するんだ、我慢！』

いつも通りの仕事に戻ろうとするが、相変わらず電話が鳴り止まない。『もう限界だ！』と思ったのか、教育長は事務所から飛び出そうとしたが、誰もいない空間がむき出しになる。我に返った教育長は諦めて自分の席へ戻った。

溜息混じりに出てしまった声が、事務所に響く。

誰に向けているのか分からない。教育長の独り言は、その日ずっと続いたのであった。

制作の背景

職場内でのショートムービー作成において、通常業務を行っている合間に、よい動画を作れるか？　という課題があります。

今回も実験的な動画ですが、仕事の一部を切り抜いたリアル感と、共感を狙った動画を作りました。

撮影1テイクで、編集もなし。

台本もシンプルで、「叫ぶだけ」というのをフィクションで撮影した作品で、タイムパフォーマンス重視で作りました。

結果としては、視聴者の反応もよく、こういったチャレンジを行っていくほど、知見が溜まっていきます。

あなたへのエール

追い詰められる
中で生まれる
ものにこそ、
クリエイティビティ
が宿る。

COLUMN 3

警備員になるために入社時に必要な書類

警備員に就業する際に必要な「身分証明書」とは、本籍地の役所が発行する書類です。この証明書により、禁治産・準禁治産・破産・後見登記の有無が確認され、人の生命や財産を守るという使命がある警備員に求められる「行為能力」を満たしていることが証明されます。

Chapter 4
食べられる幸せ

掲載されている動画音声は音楽著作権の関係で
変更・停止される可能性があります。

動画を鑑賞

038

棺桶ダンス

あらすじ

教育長の今日の食事はカップラーメンである。

お湯を注ぎ、カップラーメンができあがるのを待っている間にトイレへ向かった。その間に別の社員によるいたずらがあり、カップラーメンにデスソースを入れられた。

何も知らない教育長は、席に戻ってきて、ラーメンを一口食べた。あまりの辛さにびっくりして、のどをつかえ、吐き出してしまう。

その後、意識を失い、棺桶ダンスを踊り出す（アフリカ、ガーナで葬儀の時に踊る）。

教育長は辛すぎるラーメンを食べたためにトリップし、奇妙なダンスを始めてしまう。

制作の背景

TikTokを始めて1週間でバズってしまった時の動画です。TikTokにのめり込んでしまったきっかけと言っても過言ではない作品となりました。

当時、「棺桶ダンス」というのが流行しており、これを私たちでやるならどういった表現ができるかと考えた結果、このような形になりました。

ある社員が、たまたまデスソースを持ってきており、主役の教育長が、いつもカップラーメンを食べていたため、お湯を入れて待っているタイミングでデスソースを入れられ、気づかずに食べたら、死んで天国へと行ってしまった、というシナリオです。

ガーナの葬儀で、陽気な音楽に合わせて軽快にステップを踏む「ダンス葬」が元ネタとなっており、「ダイソンの箱をその棺桶に見立て」て棺桶ダンスをやってみたところ、初めてバズった動画です。

あなたへのエール

分からないことは
恐ろしい。
やってみたら、
楽しい。

デスソース
唐辛子を使用した調味料。名前の由来は、このソースが原因で心臓発作による死者が出たことによるという。

ダイソン
サイクロン式掃除機を初めて開発・製造した会社として知られる電気機器メーカー。シンガポール本社。

動画を鑑賞

039

焼鳥どん

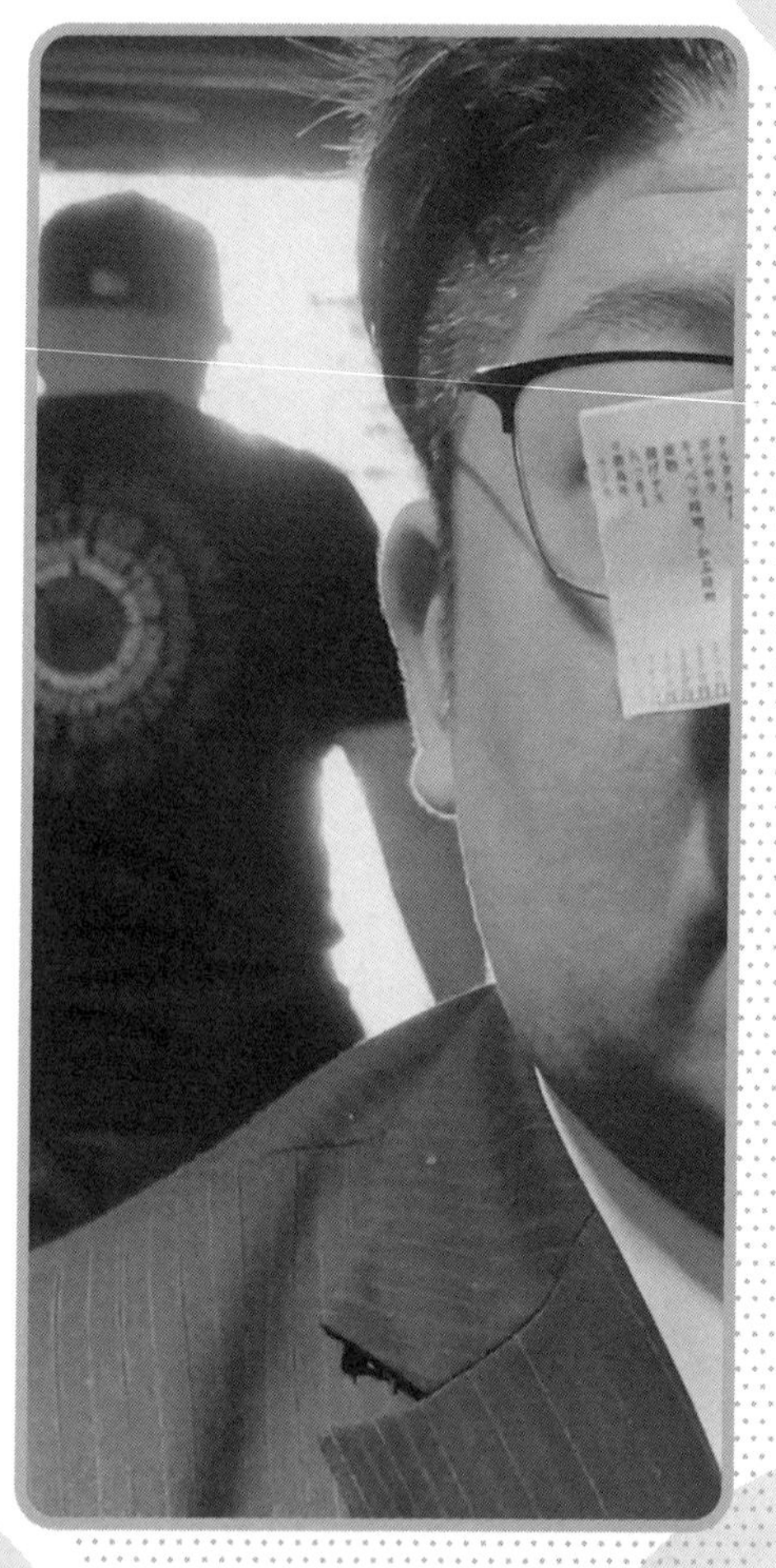

あらすじ

社長は焼き鳥で有名な居酒屋「焼き鳥どん」にふらっと立ち寄った。社長が座ろうとしたその瞬間、店員に対してメニューを注文した。すると店の奥から課長が現れ、小さな文字が書かれたジェルシートを店員に手渡した。

なぜ課長がここにいるのか……バイトをしているのかもしれない。店員さんはそのジェルシートを手のひらにのせ、社長のところへ近づいていき、ジェルシートを社長のメガネに貼り付けた。

店員さんからジェルシートを投げつけられた社長は、驚きのあまり、固まる。店員さんは何事もなかったかのように、ほかのお客さんの注文を取りに移動していった。

この出来事の意味するところが社長にはまるで分からない。ふらっと立ち寄ったお店で、なぜジェルシートを投げつけられたのか、戸惑う社長であった。

制作の背景

都内にある焼き鳥屋「焼き鳥どん」とのコラボ作品です。もともと「焼き鳥どん」さんがコントをやっているので、ジェルシートに目を描くのではなく、メニューに書いてしまうというのはどうだろうと思い、決行しました。

顔を広告にしてしまえば、「焼き鳥どん」さんにとっても、宣伝になってよいのでは？という発想から生まれたものです。

眼鏡に貼り付けるまでにかなり時間がかかりました。何度かリテイクして、最後はよい結果になったと思っています。

最後のスローで店員さんの背中を映して終わらせるコマは、仕事を成し遂げたカッコイイ男の感じを出しました。

あなたへのエール

広告・宣伝は、
非常識な発想で、
視聴者の心を
一瞬で動かす。

焼き鳥どん
東京の荻窪・駒込・西巣に3店舗を構える焼鳥屋。

動画を鑑賞

040

ゴマ団子

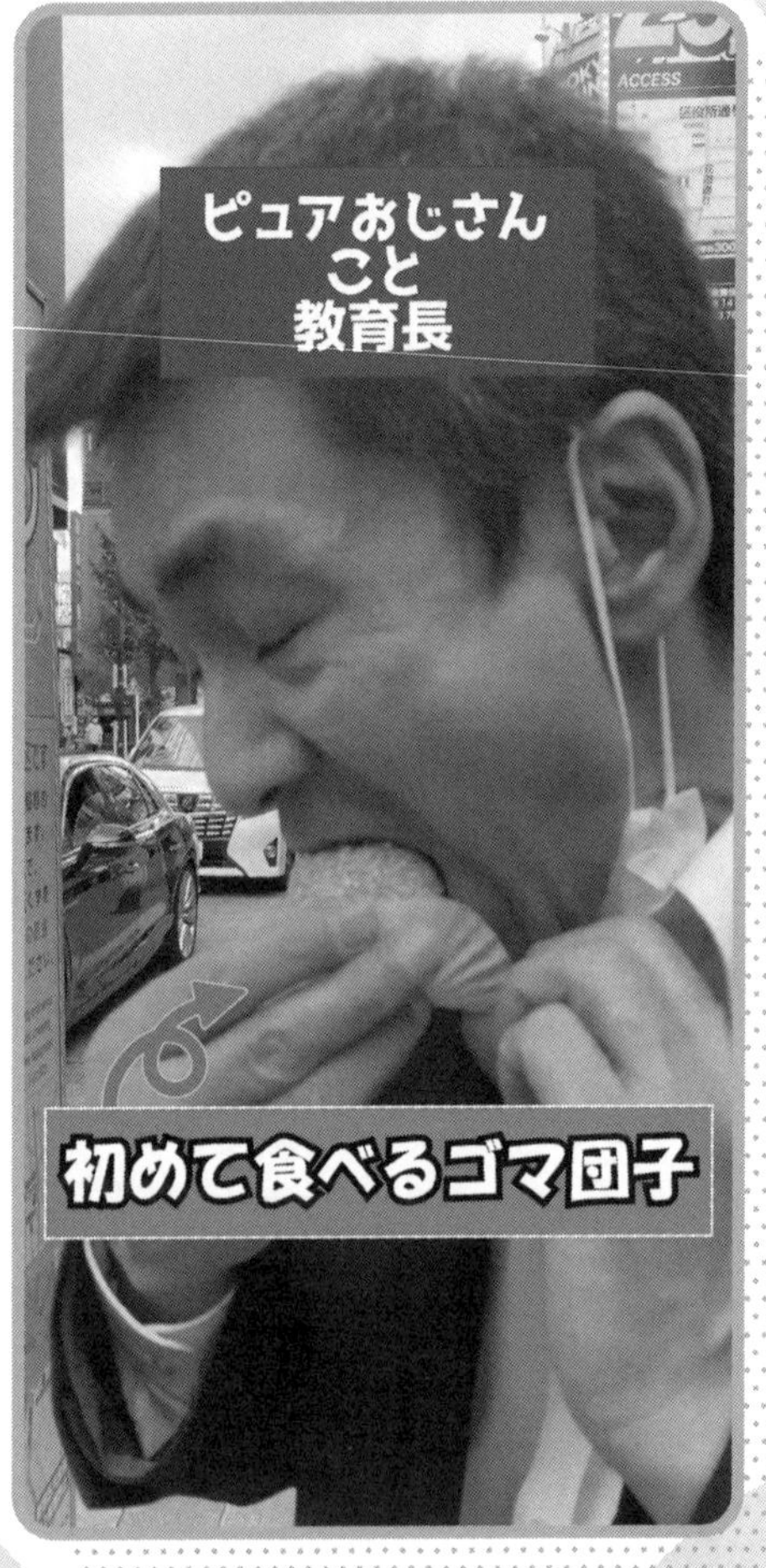
ピュアおじさん
こと
教育長
初めて食べるゴマ団子

あらすじ

教育長はこれまでゴマ団子を食べたことがなかったと言っていた。そこで作り立てのゴマ団子が食べられるお店に、教育長と社長と広報の3人で立ち寄ることにした。

ゴマ団子を食べたことのない教育長は、出来上がったゴマ団子を一口食べて、中のあんこや食感の違いに驚いている様子だった。教育長は肉まんのような食感を想像していたらしく、実際に甘いゴマ団子を食べて戸惑っていた。

そこで教育長は、数個あるゴマ団子のうち最初の1個目は中にあんこが入っていると気づき、2個目はきっと肉などが入っているはずだと思い込んでいた。ところが1個目を食べ終わって2個目を食べ始めると、中にはやはりあんこが入っていることが判明し、教育長は戸惑った。

初めて食べたゴマ団子はとても美味しかったようだが、自身の思い込みが裏切られ、戸惑うことになった。

制作の背景

社員にクローズアップした作品を作りたくて、自社の教育担当が面白くシュールな人間なので、素のまま撮影をしました。

食べたことのないものを食べさせてみて、どんな反応があるのかというのを、長回しの撮影をしながら不要なシーンをカットし、ツッコミどころを入れて動画を作成したところ、「面白い」「もっとやってほしい」という意見をいただきました。

本人の面白さを引き出すために、とにかくしゃべらせてみて、変な感想や挙動が出ないかと、模索しながら撮影したのを覚えています。

編集も含めて、面白い作品になっていますが、楽しい発言や言動をカメラに収めるためには、裏でいろいろなことをしないと、その瞬間は撮れないことを痛感しました。

あなたへのエール

優雅に泳ぐ白鳥も、
水中で足をバタバタと
動かしている。
うまくやるには、
準備を念入りに。

ゴマ団子
日本では（揚げ）胡麻団子、ゴマタマとも呼ばれる。
中国語では麻球（マーチュウ）などと呼ばれている。

動画を鑑賞

041

オムライスのプロが来た

あらすじ

会社に「オムライスのプロ」が訪れた。社長をはじめ社員たちはその人の来訪に興味を抱いている。その調理人は会社に入るなり、調理道具を広げ始め、社内はお祭り騒ぎに。

社長や管理職もオムライスづくりに興味津々である。プロによるオムライスの調理過程を楽しみにしながら見守っている。社内でプロの技を見られる機会を待ち望んでいたからである。

チキンライスの上にきれいに焼き卵が乗せられ、中央からナイフで一刀すると、トロトロの黄身がふわりと現れ、思わず感嘆の声が漏れた。

我慢できない社長以下みなが、一口ずつオムライスをいただいた。社内は幸せな空気に包まれている。非日常の出来事が職場にもたらされ、社内は喜びに満ち溢れた。日常で味わえない体験は、驚きとともに歓迎されたのだ。

制作の背景

オムライススタジアム２０２３で優勝された「とろ〜り卵のオムライス　さん太」さんとのコラボ作品になります。

オムライスのプロと、その当時流行していた音楽にのせ、「音ハメ」して、音と映像がしっかり合う形で撮影され、細かいカット割りを考えてストーリーを作りました。

オムライスのプロが会社に来るというストーリーと、社員が知らないオムライス屋さんを受け入れて、会社でオムライスを作るという2軸から見る映像を掛け合わせて作りました。

ＡＳＭＲとかも流行っているので、調理する過程での音の録音も重要視して作り、調理音がかなり協調された作品に仕上がっています。

あなたへのエール

会社で作る
オムライス
のような感動を。

オムライススタジアム2023
国内でオムライスを提供している飲食店を対象に、書類選考を実施し、「ABEMA」特別番組内で決勝大会を開催。

とろ〜り卵のオムライス さん太
愛知県岡崎市にあるオムライス専門店

ASMR
「人が聴覚や視覚への刺激によって感じる、心地よい、脳がゾワゾワするといった反応・感覚」を指すもの。「Autonomous Sensory Meridian Response」の略称。

動画を鑑賞

042 いちごあめは、綿菓子になるのか？

あらすじ

社長は、ファンからの「いちごあめ」をテーマにした動画要望に応え、いちごあめを購入したのである。

いちごあめを手に取りながら、ふとした瞬間に心に疑問が湧いた。

「いちごあめから、綿菓子は作れるだろうか？」

社長は、綿菓子製造機にいちごあめを投入してみた。すると、驚くべきことにいちごあめが繊維状に変化し、僅かながらも美しい綿菓子ができ上がってきた。この予想外の結果に、社長は驚嘆した。

できあがった綿菓子を口にすると、しっかりとした食感といちごの甘酸っぱさが見事に調和しており、社長は大変満足したのである。

制作の背景

海外で綿菓子を作る名人がTikTokにいたので、綿菓子をテーマに作りました。職場から大久保が近く、いちごあめが見た目的にもバズりそうな要素だったので、あめから綿菓子にできる機材を購入し、検証的な動画で、注目してもらおうと思いました。

おじさんといちごあめという異色な組み合わせと、さらにいちごあめを綿菓子にして検証するという動画でバズりを狙いました。

いちごあめを「叩く」という映像も、素材を台無しにすると、コメントが増えたりする傾向にあります。

戦略的にどうしたらバズるのか？　を詰め込んだ作品に仕上がっています。

あなたへのエール

お客様、
ファンからの
要望に
応えてみよう。

動画を鑑賞

043

背徳のコンビニ飯

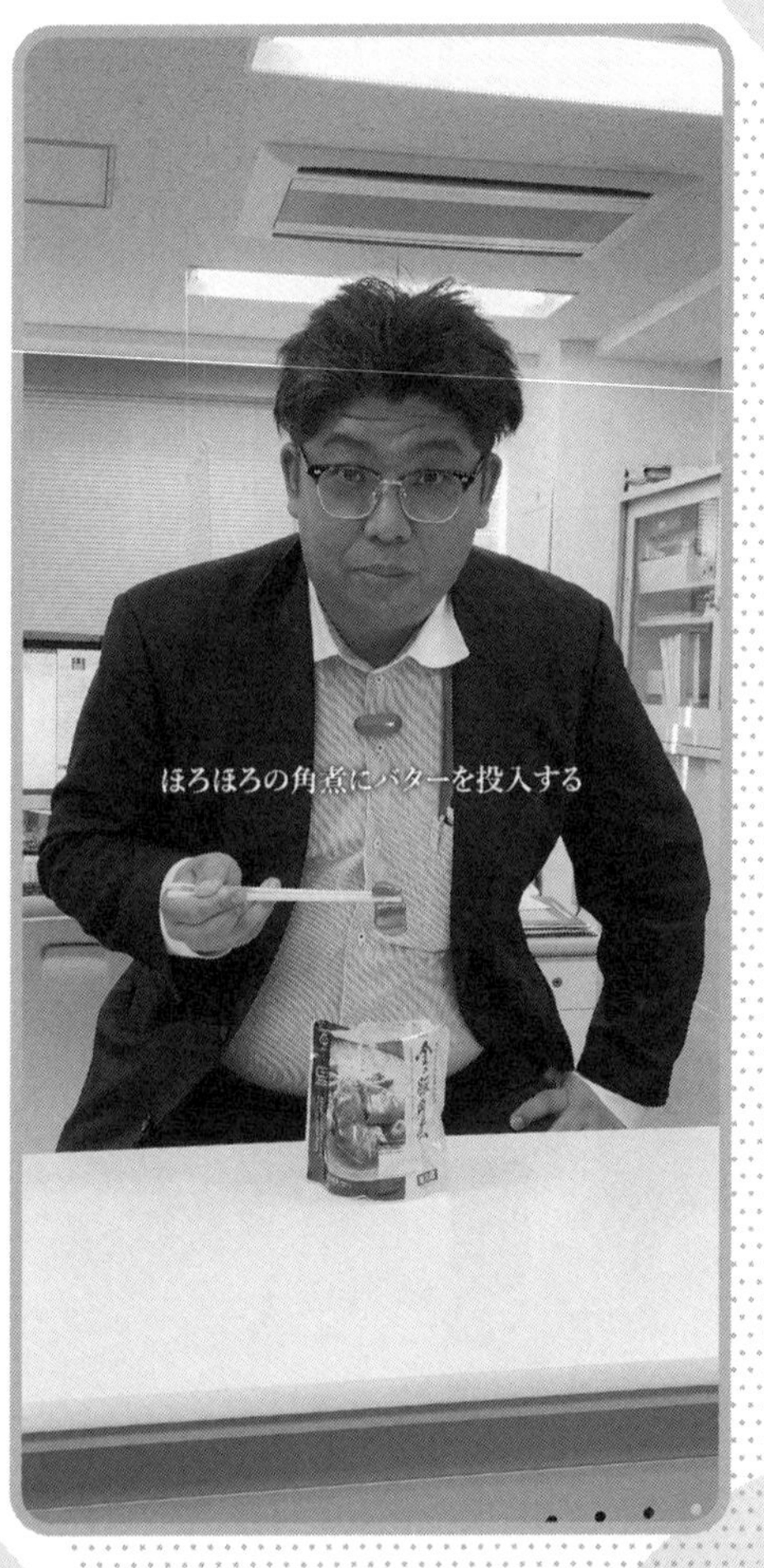

ほろほろの角煮にバターを投入する

あらすじ

お昼ご飯を買いに、近くのセブン‐イレブンに来た社長。今日はコンビニで購入したものをアレンジして食べるらしい。

サラダや飲み物、野菜の入った味噌汁、角煮やバターを次々に紹介し、お口のケアまで行い、最後は社長の好きなお酒の紹介で締めた。

お昼ご飯を紹介した後は、広報と少し会話しながら昼食を楽しんだ。

制作の背景

「今日は○○するので……」というシリーズがTikTokで流行していました。基本的に、この元ネタがファッション系だったのですが、グルメで攻めてみようと思い、近くのコンビニで購入して、チャレンジしてみました。

コンビニ飯で当たれば、シリーズ化できるという目論見でした。

撮影は、道を挟んで遠距離からの撮影も入れました。「ハイカロリー飯」というのもバズる要因になっているので、コメントのツッコミも含めて、あえてハイカロリーの食材で撮影を行いました。

あなたへのエール

「やってはいけない」を
共有することで
身近に感じて
いただける
かもしれない。

ハイカロリー飯
高カロリーなもの同士をかけ合わせた食材・食べ物の総称。

COLUMN 4

警察と警備の大きな違いは強制力

警察と警備員の最大の違いは、強制力の有無にあります。警察は国家権力を持ち、法令違反者を逮捕できる強制力がありますが、警備員には強制力がなく、指示に従う義務はありません。また、適用法令や服装規定、業務内容にも違いがあります。警察は捜査・逮捕業務もあり、警備員は事故防止などが主な業務です。

Chapter 5

仕事の日常と非日常

掲載されている動画音声は音楽著作権の関係で
変更・停止される可能性があります。

動画を鑑賞

044

子どもが生まれました

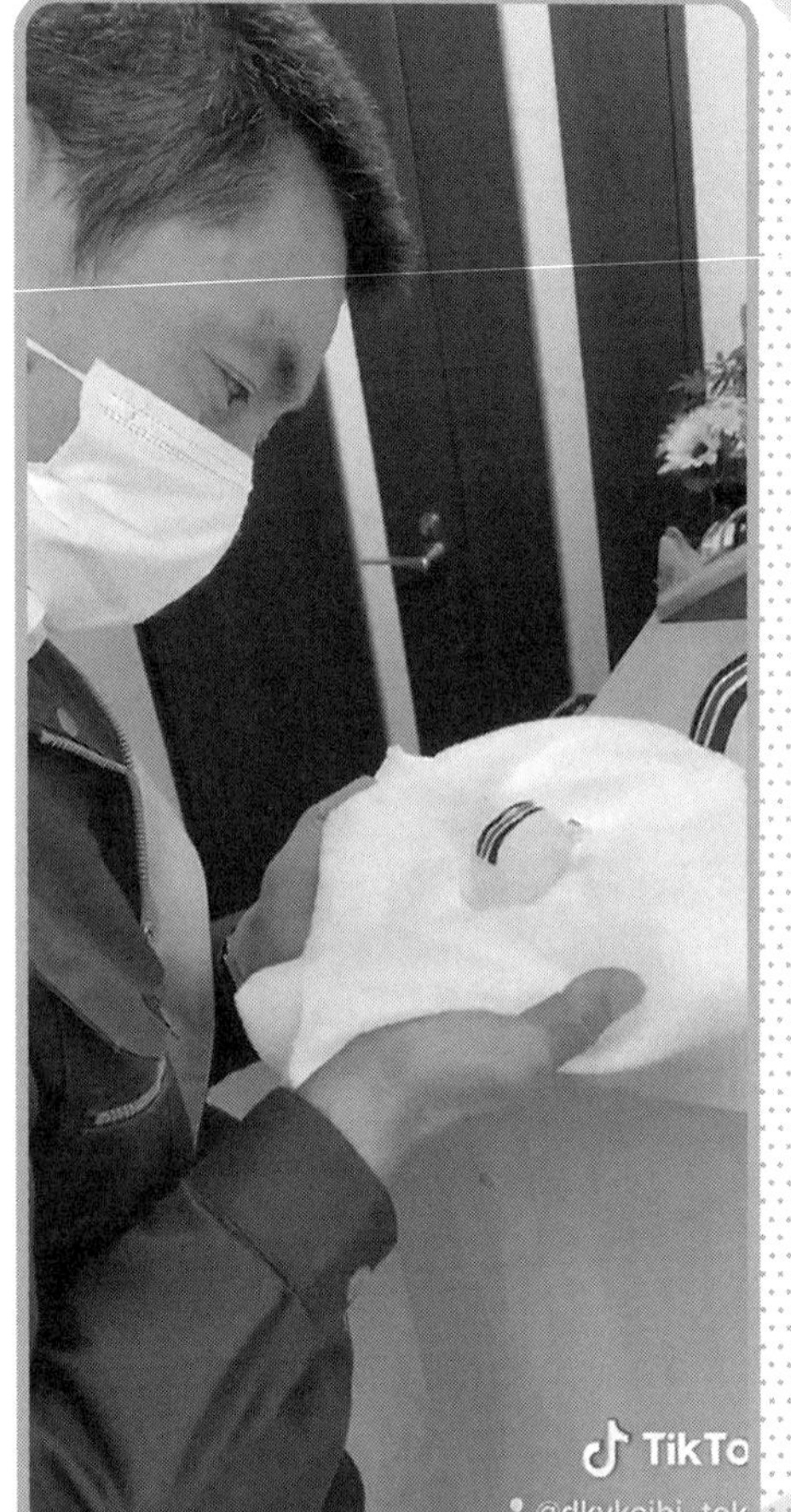

あらすじ

ある日、会社にあるヘルメットの奥から赤ん坊の泣き声が聞こえてきた。気になった教育長がヘルメットをのぞいてみると、中から小さな赤ちゃんヘルメットが現れた。

赤ちゃんヘルメットは、元気いっぱいに泣き喚いている。驚いた教育長だが、タオルを取り出してそっと赤ちゃんヘルメットを受け止めると、やさしい目で見守りはじめた。お母さんヘルメットの中から生まれたのだろうか？

不思議な出来事だが、教育長は赤ちゃんヘルメットを温かく見守り続けている。親ヘルメットと赤ちゃんヘルメットは、へその緒のような紐でつながっており、それを教育長はチョキンとハサミで切って、赤ちゃんヘルメットを取り出し、まるで我が子のようにいとおしんだ。

制作の背景

会社に小さいヘルメットのメジャーがあって、少し色を塗れば警備員と同じヘルメットになるなと思ったのがきっかけでした。

小さいヘルメットと大きなヘルメット。まるで親子のようだと感じた時に、このネタが出来上がりました。

たまたま赤ちゃんの泣き声のネタがあったので、小さい子どもみたいなヘルメットが生まれたという動画を作ってみたいと思いました。

警備会社であることをアピールし、わたしたちの会社の認知拡大につなげていくための試みです。

あなたへのエール

会社にある
小道具を
何かに見立てて
みよう。

動画を鑑賞

045

自己紹介

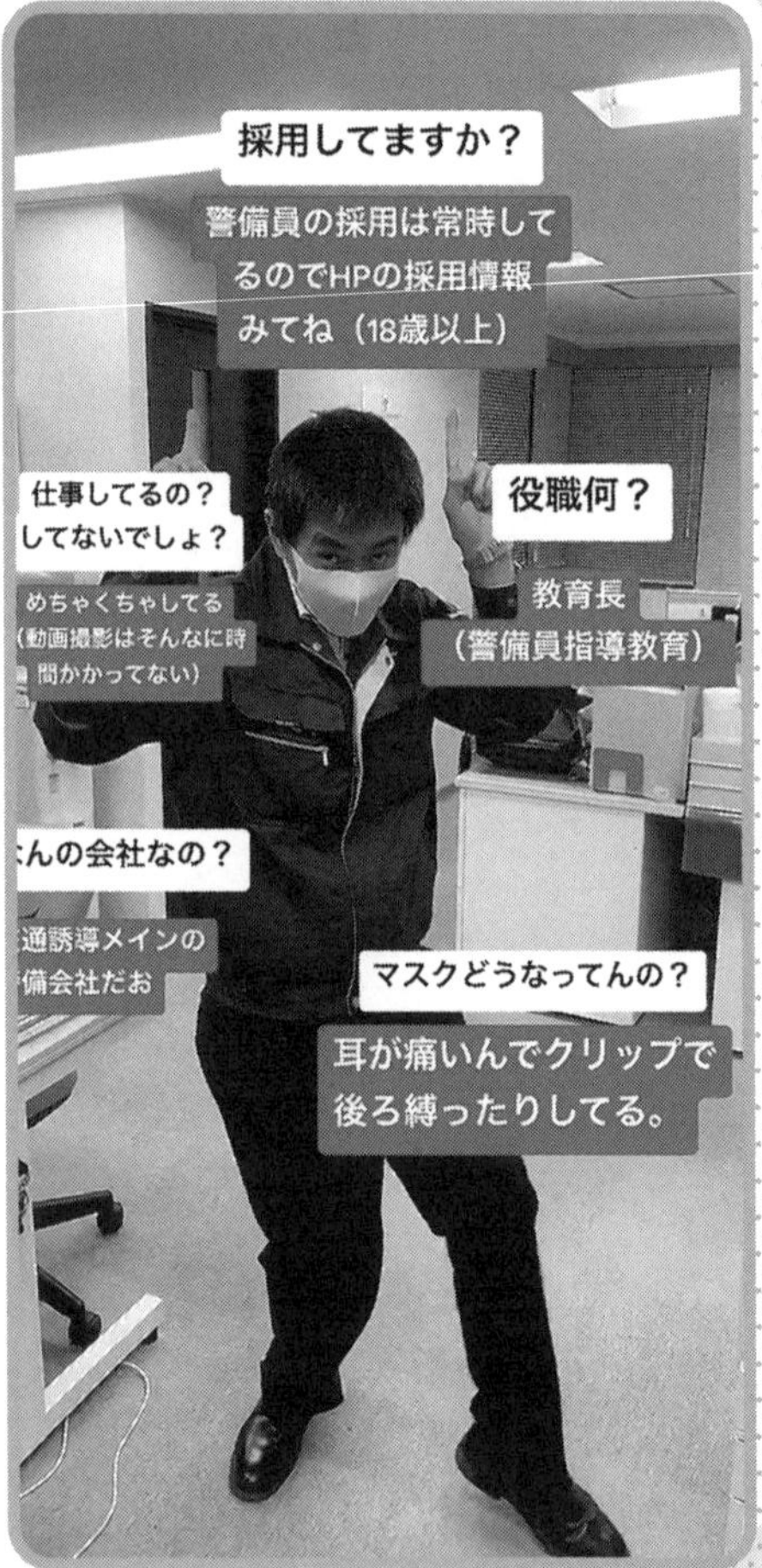

採用してますか？
警備員の採用は常時してるのでHPの採用情報みてね（18歳以上）
仕事してるの？してないでしょ？
めちゃくちゃしてる（動画撮影はそんなに時間かかってない）
役職何？
教育長（警備員指導教育）
んの会社なの？
通誘導メインの備会社だお
マスクどうなってんの？
耳が痛いんでクリップで後ろ縛ったりしてる。

あらすじ

いつものように明るい表情で体を揺らし踊る教育長がいる。

実はこの教育長、自社のＰＲ動画の撮影をしている最中なのだ。ノリノリのビートに体をくねらせながら、質問に答えていく。

質問の回答には、指をさしてテンポよく答えていく。質問の度に軽快なステップで答える教育長は、職場のよい意味での空気感を伝えている。

決して上手いとはいえない、飄々とした教育長の生真面目なダンスは、会社の魅力をＰＲするための武器となっている。

制作の背景

自己紹介をするコンテンツが流行っていたので、その流れにそって制作。

真面目そうなおじさんが踊りながら自社説明するというギャップが面白さにつながっています。

あまり深く考えず、とにかくTikTokの流行をとらえながら、その中に警備という職を刷り込んでいくイメージで動画を作っていきました。

教育長のキャラクターを利用しながら、警備業のまじめさ、その職場の楽しさが伝わってほしいですね。

あなたへのエール

自己紹介
のしかたを
あなたらしく
工夫してみよう。

動画を鑑賞

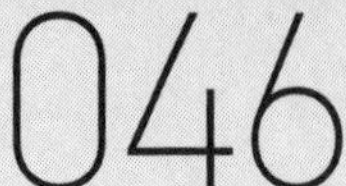

046 回線速度の違い

あらすじ

教育長がいつもと違う歩き方でトイレに向かっている。教育長は最近よく話題にのぼる5G回線の速度感を体で表現しようと試みている最中だ。

5Gならスムーズに速いペースで歩行可能だろう。4Gでも十分な速度が出せるはずだ。3G程度になると多少重たい歩きになり、2GとなればモタモタとしたZ歩調に。想像を絶するのが1Gで、歩く方向さえわからず、絶望的な状況となる。

こうして5Gから1Gに至る回線速度の違いを表現し分けることを教育長は試みている。トイレに向かって高速で歩き出すが、程なく速度が低下していくことを表現。最終的に教育長の回線の速さを表現する試みは、周囲がぼんやりとしてガギガギな状況。1Gの世界に私たちはもう戻れない。

制作の背景

編集をやり始めて、少しずつこだわりを見せていった作品になります。これもTikTokの中で流行していたネタで、基本的には容姿の良い男性や女性がかわいく手をバタバタする動画が多かったのですが、わたしたちなりにアレンジして、トイレに急ぐというネタに変換し、回線速度を世の中のメタファーとした動画を作りました。

編集を始めて、少し凝った演出にしたのはこれが初めてで、コマを飛ばしたりして時間の変化をつけた動画になりました。

作っていて、自分たちのスキルがアップした作品になりました。企画としても、面白いことができた作品だと思います。流行のネタを取り入れつつも、独自のアレンジを加えることで視聴者の記憶に残る映像を目指しました。

あなたへのエール

速いことが
当たり前になった
今、何が大切なこと
なのかを見つめよ。

1G～5G

1Gは、自動車電話やショルダーフォンなどに採用された、初の移動体通信の規格（第1世代移動通信システム）。5Gは、高速大容量、低遅延、多数同時接続の3つを定義している。

047

動画を鑑賞

iPhone
ケースには……

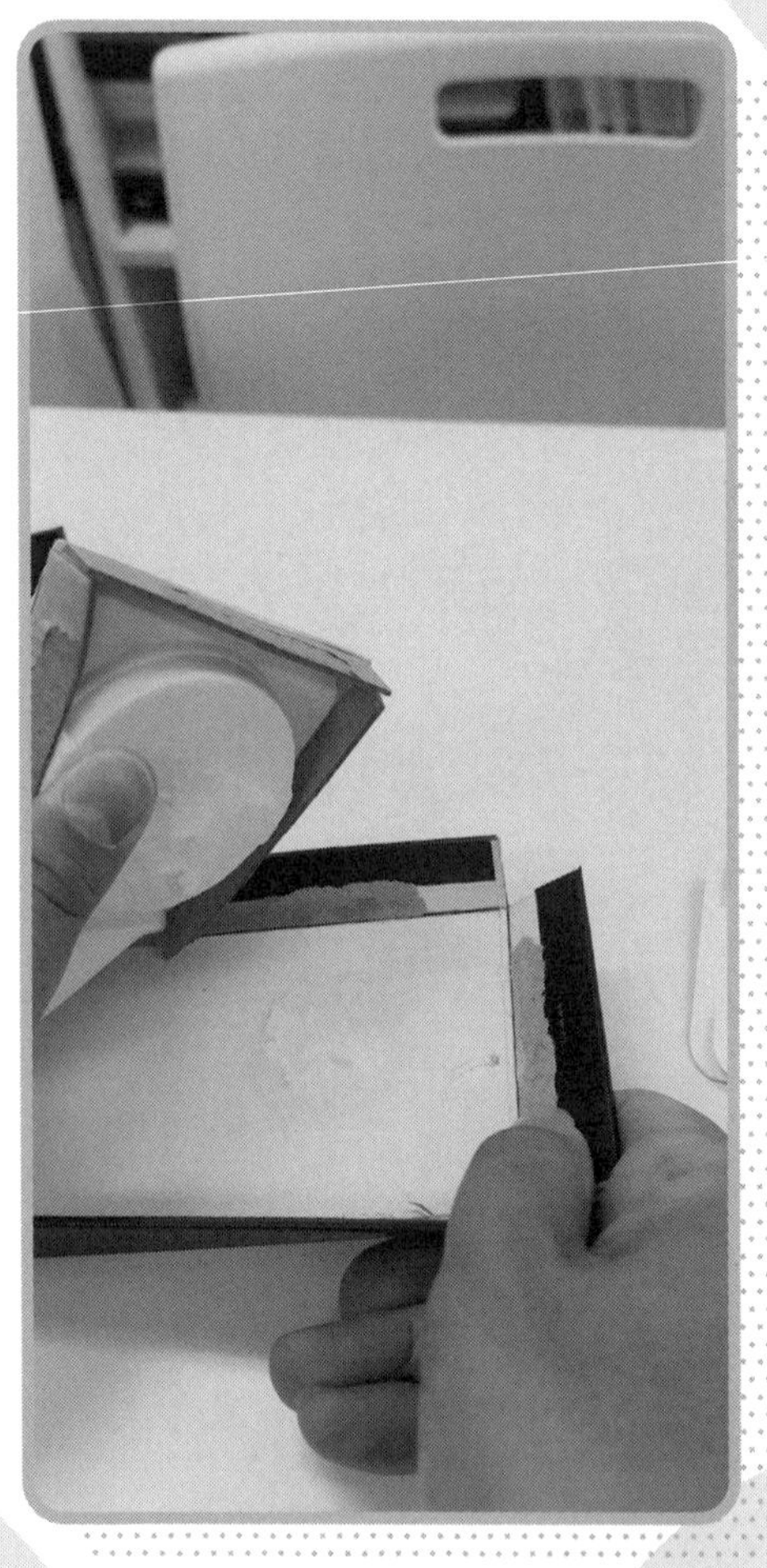

あらすじ

海外の動画でiPhoneを購入した時の箱の中の仕切りを剥がすと、「隠しiPhoneケース」が入っているという情報を見た社長は、自分の買ったiPhoneの箱にも「隠しiPhoneケース」が入っていると思い、その期待感でさっそく自分のiPhoneの箱も確認することに。

ゆっくり蓋を開け、今まで見なかった仕切りを剥がしていく。

そこに「隠しiPhoneケース」が入っている！と胸を躍らせるも、箱には何も入っていなかった。

がっかりした表情で、もしかしたら？のノリで隠れているのでは？と中を手探りするがやはり存在しない。

残念ながら「隠しiPhoneケース」はなく、社長の期待は裏切られる結果となってしまった。

制作の背景

たまたま海外動画で見つけ、iPhoneケースの中に「隠しiPhoneケース」が入っているというネタを観て、もしかしたら自分のiPhoneケースの中にそれが入っているのではないだろうか？　という疑問から、この動画を作成しました。

「もしかしたら……」という期待感をしっかり出せたなと思っています。

iPhoneケースを開封するまでの過程は、ぶっつけ本番でやって、実際確認したら何も入ってなかったので、だまされた！　と思って、投げ捨てました。

動画を制作する際は、入っていたとしても面白いし、入ってなかったとしても面白い、と思いながら動画を作っていました。「海外の動画を引用しながら、自らやってみる」という動画が初めてだったのですが、面白い作品ができました。

あなたへのエール

期待は
良い意味でも
悪い意味でも
裏切られる。
どちらでも、
楽しめる心持ちで。

動画を鑑賞

048

領収書が捨てられる

あらすじ

社長と部長と教育長は、領収書が捨てられるという記事を読んでいた。

領収書は、会社員にとって切り離せない重要な書類である。領収書を失くすと大変なことになるが、その一方で大量の領収書を保管・管理するのも大変な作業である。

そこで、電子化により領収書が不要になるという法案が可決されたとの記事を三人で読み合わせた。

社長と部長と教育長はこのニュースを共有し、情報技術の発展により業務が効率化されることを喜び合った。三人とも長年にわたり領収書の管理に頭を痛めてきた立場である。

電子化への移行は歓迎すべき動きであり、業務の効率化やコスト削減につながることが期待されている。社長と部長と教育長は、この法案の成立を心から喜んでいるのであった。

制作の背景

この動画の背景には、タイムパフォーマンスよく工数のかからない動画作りというのが根底にありました。

今回の動画は「ＧＩＦアニメ」を想起させる、コマ送りのループみたいな動画を作って、とにかく撮影コストを減らすという目的がありました。

題材としては近年通った法案で、話題性もあり、それを、うれしいお知らせ！　と伝えることにより注目度が上がるのでは？　という発想で制作しました。

撮影も動画ではなく主に画像撮影中心だったので、比較的楽に撮影ができました。業務を行っている裏で撮影時間などを取らなければいけないので、時間や工数をどれだけ少なくするかが勝負所だと思っており、動画上では遊んでるようにしか見えないのですが、創意工夫をしつつ、新しい表現の開拓をしています。

あなたへのエール

私たちは
発信しなければ
社会に認知
されない。

電子帳簿保存法
情報化社会に対応し、国税の納税義務の適正な履行を確保しつつ納税者等の国税関係帳簿書類の保存に係る負担を軽減する等のため、電子計算機を使用して作成する国税関係帳簿書類の保存方法等について、所得税法、法人税法その他の国税に関する法律の特例を定める日本の法律。

動画を鑑賞

049

賞与をもらった時の反応

あらすじ

部長がいつものように休憩時間を利用して昼食を取っていると、突然、ＰＣのモニター越しに賞与の封筒が手渡される。これには、予期していなかった部長も驚きを隠せず、賞与に心が躍った。

封筒の中身を確認すると、そこには想像をはるかに超える金額が記されていた。その数字を見た部長の目には、まるで漫画のようにハートマークが浮かび上がった。

賞与は、部長が日々積み重ねてきた業績が認められた結果である。日々の残業、週末返上で取り組んだプロジェクト、部下への熱心な指導と励まし、すべてがこの瞬間に報われたのだ。

部長は数秒間、封筒を手にただ呆然としていたが、やがて心の中で深い感謝の意を込めながら、自分を支えてくれた家族や同僚への感謝の念に包まれた。

制作の背景

こちらは2022年TikTok上半期部門エフェクト賞をいただいた作品です。TikTokのおすすめするエフェクトなどを使用して、どのような表現ができるか？　というのを考えていた時期でした。賞与をもらって喜ぶ社員の姿をユーモラスに表現した秀逸な作品です。

カメラを当てると目にハートが浮かび上がるエフェクトになっていました。それならば、給与や賞与だろうなと思い、「臨時賞与を貰ったら、喜んで目がハートになってしまったおじさん」という絵が頭に浮かび、それをカタチにしました。

TikTokを楽しみながら撮影し、表彰まで繋がったのは、自信につながりました。

あなたへのエール

あなたが
報われる日は
必ず来る。

エフェクト
映像（動画）や音声を加工する場合に用いられるのが一般的な用語。オンライン会議などで背景をぼかすのに、日常的に使用されている。

動画を鑑賞

050

協働

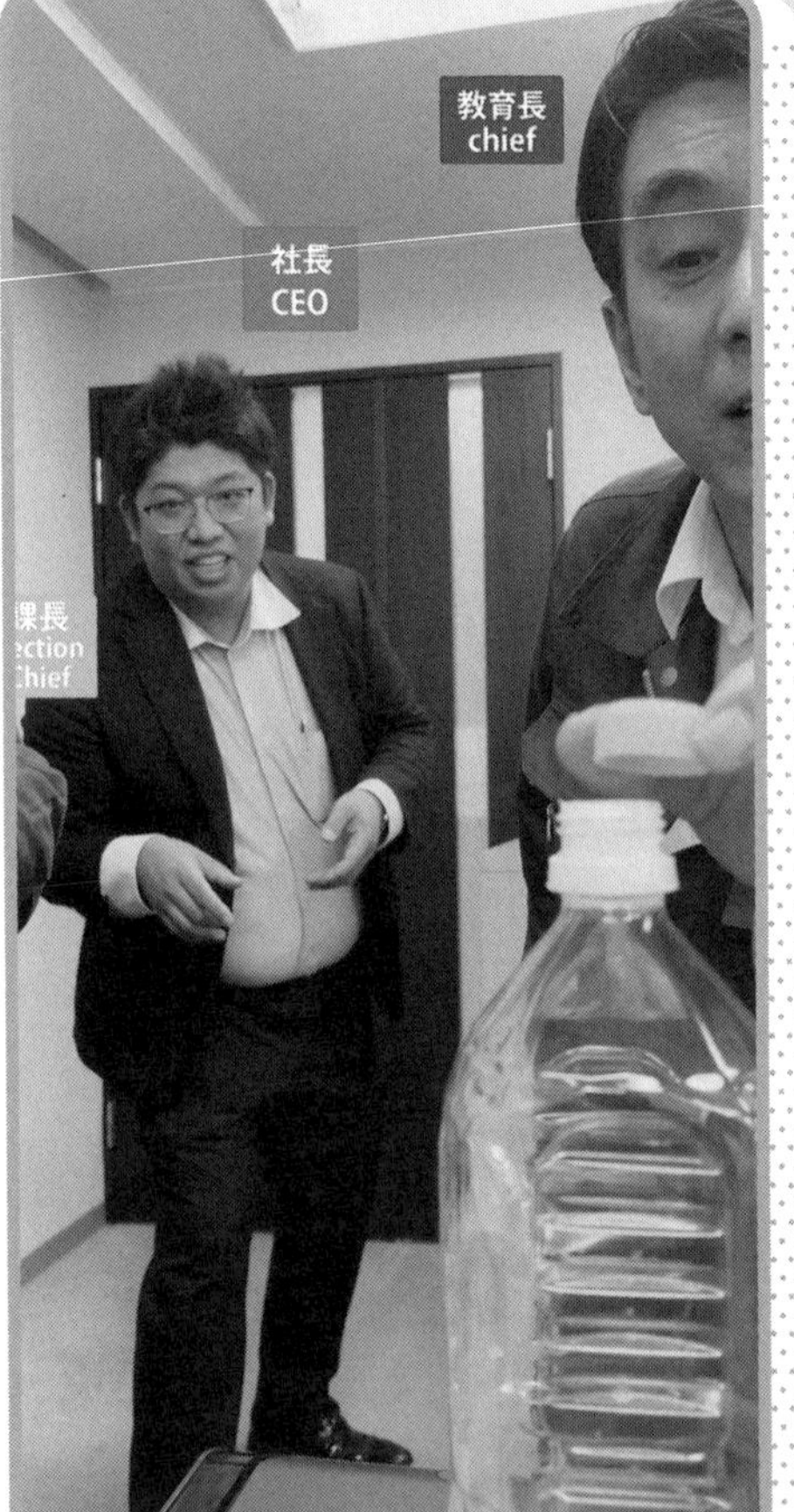

あらすじ

社長と課長と教育長は今日も仲よく、仕事場での休憩時間を利用して、海外の映像で観た驚くような神技を実体験しようとしている。

遠距離から火を消したり、掃除機に乗って飛んでみたり、右手が左手の中を透過して前へいったり、ペットボトルの蓋を投げて奇跡的にぶつかり合って、蓋を締めてみたりと、少々いんちきをしながら、休憩中に思いっきり楽しんでいるようだ。

休憩中に海外の映像を観ながら飛び出したアイデアから始まった企画だ。興味本位で始まった撮影だが、大いに盛り上がり、結果としてはぐたぐたの内容で構成された。

制作の背景

ジェルシートシリーズから新たなシリーズを作るために、海外の動画を参考にしました。海外の動画で凄い体験や経験などをしているシリーズがあり、その動画で何か自分たちなりに変化させることができないかと考えて、「接待シリーズ」というのを作り始めました。

このような神技を再現するために、無茶ぶりを一生懸命やる部下たちと、それをやらせる社長という構図が面白いと思いました。

日本の会社でしかできないような、社長も社員も一体となった雰囲気を作りたかったので、うまくハマった作品になったと思います。

とくに参考にしたのは、『踊る大捜査線』のスリーアミーゴスです（ちょっと古いですね）。

あなたへのエール

TVや映画から着想を得て、カタチにしてみよう。

『踊る大捜査線』
1997年、織田裕二が演じる青島俊作巡査部長（後に係長、警部補に昇進）が主人公の「警察ドラマ」。

スリーアミーゴス
『踊る大捜査線』の登場人物である、神田総一朗署長、秋山晴海副署長、袴田健吾刑事課長ら3人の総称。

動画を鑑賞

051

社長だいしゅき選手権

あらすじ

社長がヘルメットをかぶり、スポンジの剣で、社員が社長の頭を叩いている。社員のうちの誰が叩いたかを当てるゲームをやっている。社員は思い思い、社長の頭を全力で叩いて、楽しんでいるようであった。

この光景は、一見すると非常に異様であるが、社長は、社員の笑い声に包まれながら、笑顔で頭を叩かれていた。社長は、このゲームを社員とのコミュニケーションの一環として取り入れていた。社長は、社員との距離を縮め、社員のモチベーションを高めるために、このゲームを始めたのだ。

このような、上司と部下が垣根を越えて触れ合う機会は、互いの人間性を理解し合う上で大切なことだろう。業務上のストレスも和らぎ、働きがいのある職場を醸成する。

制作の背景

タイトルとは裏腹な企画を作りました。「だいしゅきー」という音楽が流行っていたので、大好きだからこそできるような企画というコンセプトで、全力で社員が社長を叩くという企画を、自社でやろうということになりました。

ヘルメットがそもそもあるので、安全性もあり、かつ、全力で叩ける状態なのと、後ろから叩いたのが誰か分からないという状況で、バレないように本気で叩く社員と、誰なのかを当てる社長の構図は面白いと思って作りました。

本来は叩かれて、社長が当てたらその社員と入れ替わるというカタチなんですが、私たちの動画方針である「部下が上司に何かを仕掛ける」というコンセプトのもとで、社長がずっと叩かれる映像になっています。

あなたへのエール

上司のあなたは、
いじられてますか？

Femme fatale
ファムファタール。実姉妹による完全セルフプロデュースユニット。

だいしゅき
femme fatale の楽曲『だいしきゅーだいしゅき』から引用。

動画を鑑賞

052

タダ

あらすじ

部長は取引先との電話交渉に全力を傾けていた。しかし、相手の反応は冷たく、望む成果は得られなかった。ついには一方的に電話を切られてしまったようだ。

電話を切られた部長の心は憤りで満ちていた。何かを壊してしまいたいほど、むしゃくしゃし、怒りがおさまらない。社内にあるモノに八つ当たりしようとするも、その度に弁償費が思い浮かんでは消えた。

理性が吹き飛びそうになったその矢先に、社長から呼ばれた。部長は社長との対面を、自らのストレスのはけ口と見立てる。

そして、社長は「無料（タダ）」だと認識。

部長は不敵な笑みを浮かべながら社長室へと足を進めた。

制作の背景

海外の動画が元ネタになっています。奥さんに嫌なことがあって、旦那さんを殴りに行くというオチなのですが、それを部下が社長を殴りに行くというカタチにして、ストーリー展開しています。

営業先からお断りの電話が入り八つ当たりをしたいけど、会社にあるモノは高価だからできない。だけど社長になら八つ当たりできるというストーリーを作って、最後社長の所に行く映像はないものの、社長のところに行ったように見せる演出をしました。

視聴者コメントを見ると、実際に社長室に行ったように見えているので、想像をかき立たせることに成功した動画になりました。

あなたへのエール

日常にある苛立ちも、
ユーモアに
変換できると、
受け入れられる
こともある。

動画を鑑賞

053

モノマネ選手権

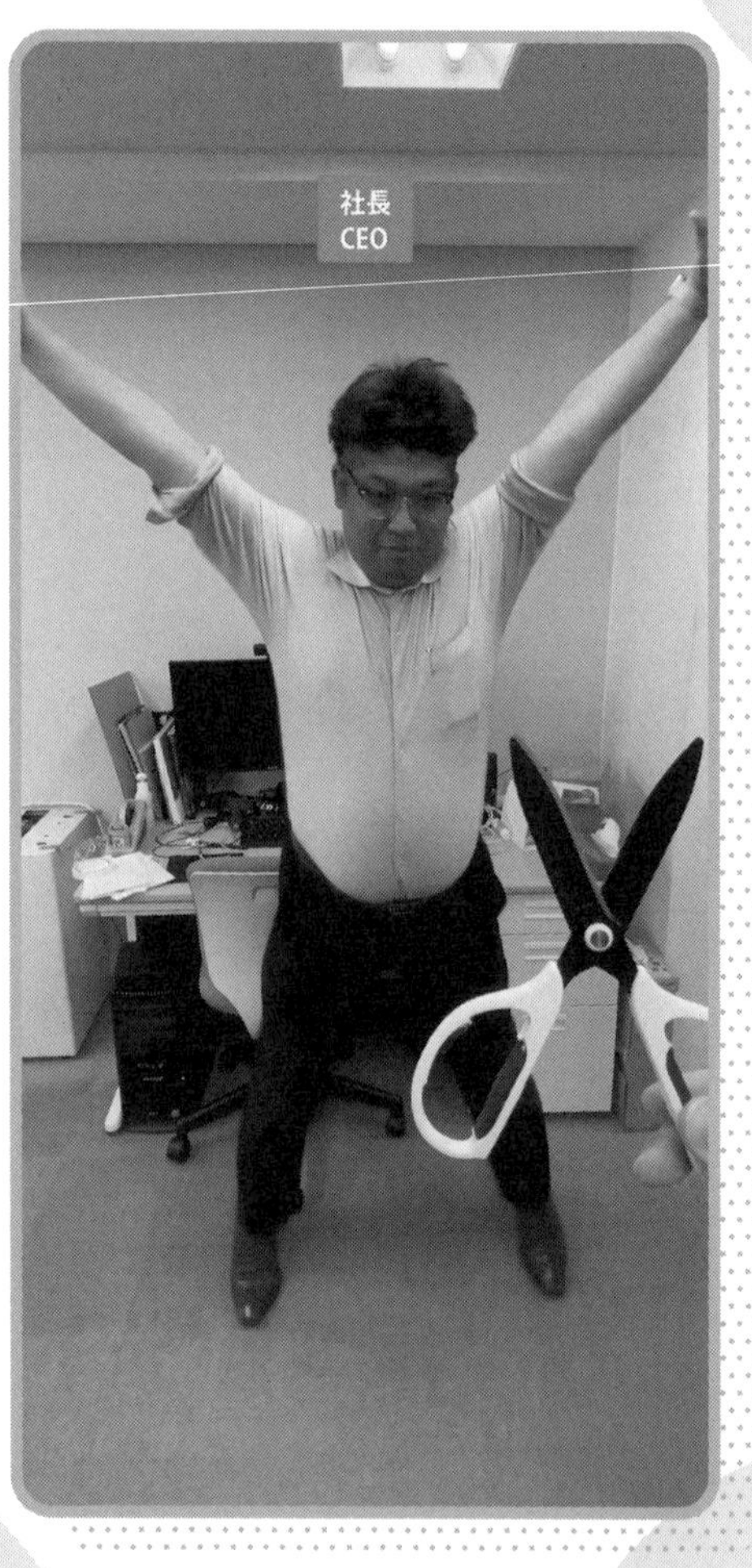

あらすじ

今日も休憩時の息抜きに、動画のネタづくりをやってみた。「モノマネ」である。社長はハサミのマネをして大きく手や足を開き、部長はホッチキスをして、体全体を折り曲げて、いろんな角度からマネる。

次はメジャー、一人が寝転がり丸くなることでメジャーを表し、他の社員は、観葉植物となり、両手を伸ばして、葉っぱを表現する。バッテリーのプラグになりきるのに、手でコンセントを体現。カメラになるために二人で協働する。

それぞれの社員たちのクリエイティビティが発揮され、職場は、瞬時にモノマネをするたびに笑いの渦となった。

日々の業務に追われる中でも、こうした小さな息抜きが、社員たちの心を軽くし、チームの結束を高める大切な役割を果たしているのである。

制作の背景

海外で流行していた、「モノマネ」を参考にしました。

このタイプの動画は非常に簡単にバズる傾向があるので、流行していたら、すぐに取り入れて動画投稿することにしています。

動画上ではたくさんやってるように見えるのですが、撮影は非常にシンプルで、トータル10分もかからない動画です。編集もあまり時間がかかりません。

社員がいっぱい出てきて、楽しそうにやっていることで、よい雰囲気に見えます。ショート動画のよいエッセンスが詰め込まれています。

あなたへのエール

みなに負担が
かからず、
楽しくできることは
続けられる。

動画を鑑賞

054

部長に本音（嘘）を言ってみる

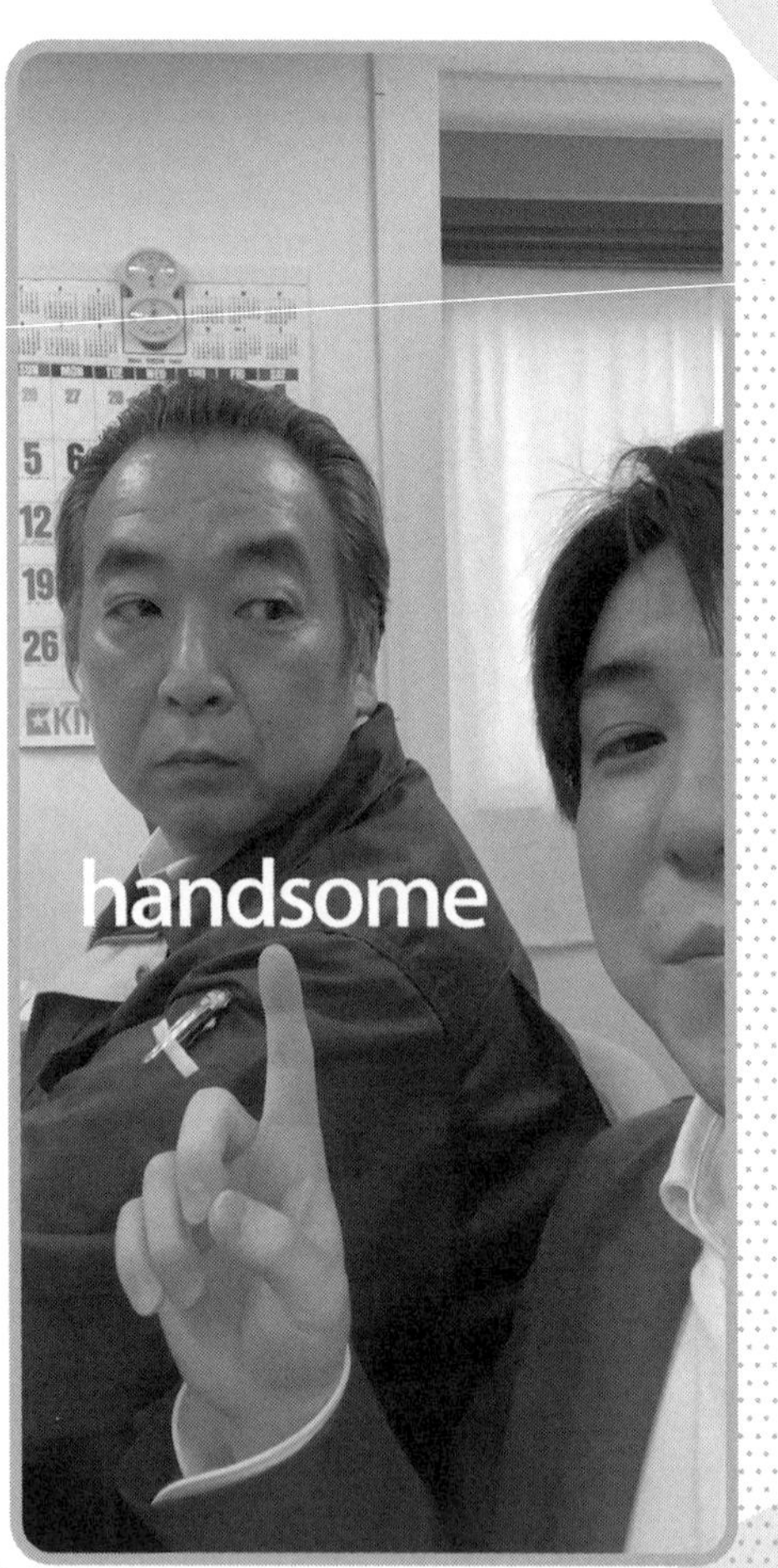

あらすじ

本日は4月1日、エイプリルフール。世界中が冗談を交わし、笑いの渦に包まれる日である。海外の様子は興味深い。各地でエイプリルフールのジョーク、明らかに分かりやすい嘘が飛び交っている。そんな中、わたしたちも参加しようということになり、誰にでも分かる嘘をつき、それを動画で記録したのである。

社員たちは忙しい仕事の合間を縫って、動画撮影に臨んでいる。部長を動画で撮影し、「ハンサム」と部下が指を差した。部長とのやり取りはカメラに収められ、後に編集された動画は社内で共有されることとなった。部長は予想に反して、その動画を見て喜んでくれた。

しかし、時間が経ち、これがエイプリルフールのドッキリだったことを知ると、彼は表情を曇らせ、静かに反省の態度を示したのであった。

制作の背景

こちらの動画は海外の動画を参照しながら、リレー形式で、「やってみた」動画になります。動画の流れで、明らかに分かる嘘を言って最後にオチを言うという動画です。

エイプリルフールの時にインパクトのある動画を制作したいと思っていたところ、参考動画があったので、そのカタチを利用して作りました。

部長は「ハンサム」と突然言われて大いに喜んでいますが、部下があざむいていると悟っているので、視聴者は喜んでくれました。

短い時間の中で、わかりやすいジョーク動画ができました。

あなたへのエール

エイプリルフールを狙って、上司に仕掛けてみよう。

エイプリルフール
起源は不明。毎年4月1日には嘘をついてもよいという風習。

ハンサム
形容詞。（男性が）顔立ちのよい、（女性が）きりっとした。

動画を鑑賞

055

卵を取るゲームをやってみる

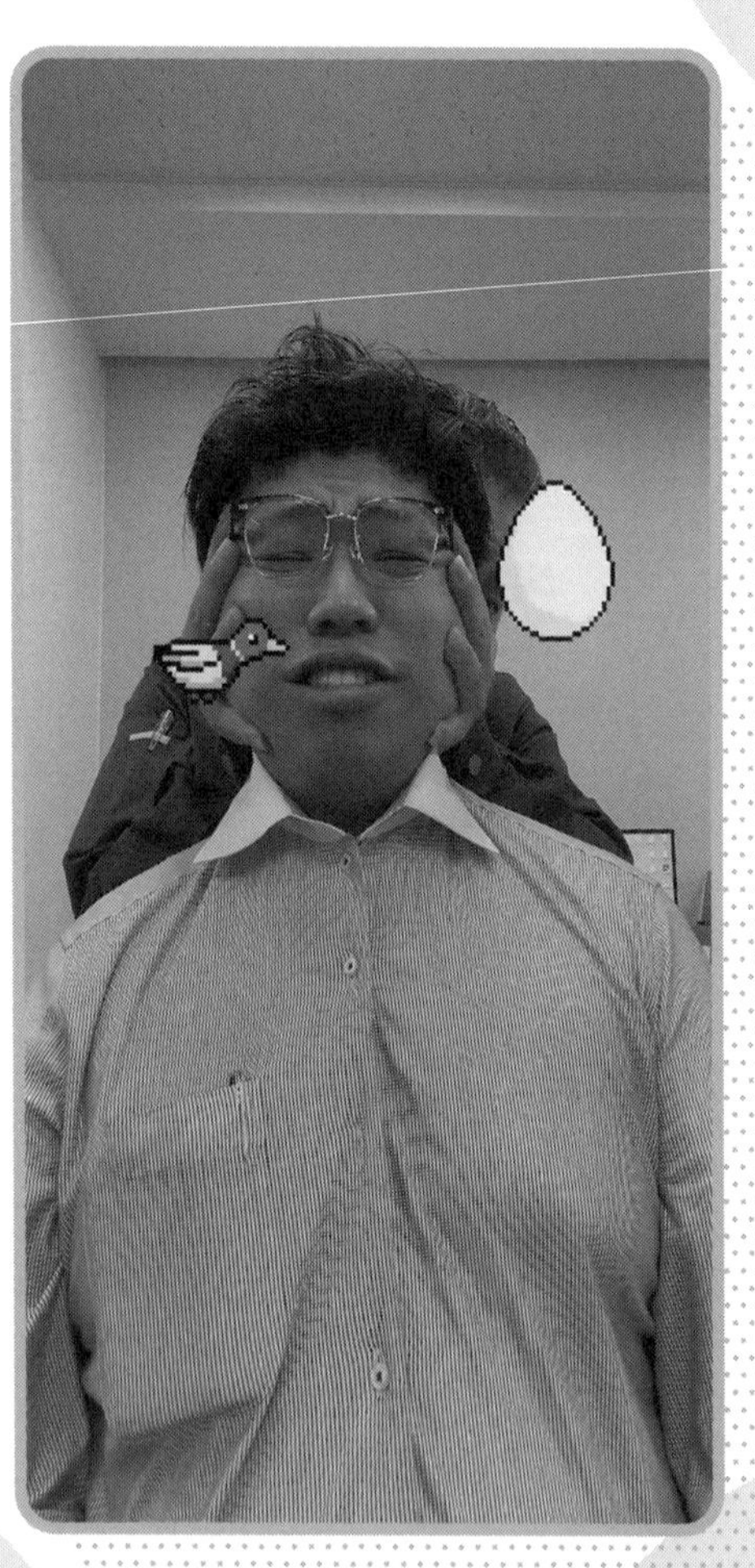

あらすじ

社長と部長は新作のゲームで遊んでいるようだった。顔に追従するスマートフォンゲームのようで、部長に無理やり顔を引っ張られている。休憩中に行う、社長と社員のコミュニケーションの時間である。

部長はゲームをクリアするために、強い力で社長の顔を引っ張り上げ、鳥の卵をゲットしようとする。痛がる社長は、最後に部長を激しく睨みつけるのであった。

部長は、社長に対して遠慮がない。しかし、社長は部長の能力を高く評価しており、やや失礼な態度に対しても、許容している。他の社員から見れば、少し異様な光景にも見えるだろう。しかしこの二人の関係性は、社内では知られている。互いを高く評価し合う一方で、時にはぶつかり合うこともある。

それでも社長は部長を信頼しており、部長も社長への忠誠心が強いのであった。

制作の背景

TikTokで流行っているゲームを取り入れてみました。ただやるだけではウケないと思い、部下が上司の頭を使ってゲームをするという斬新なアイデアを思いつきました。

上司と部下の関係のストレスを利用し、髪を掴みながら頭を引っ張りあげるなど、過激な演出を取り入れることで、インパクトを高められたと考えています。

日本的な上司部下のやりとりを風刺しつつ、TikTokならではの要素も取り入れられてうまく作れたのではないかと思っています。視聴者の共感も得られたし、こういう予想外の展開が人気を呼ぶのだと実感した作品でした。

部下が上司の頭をゲーム機のように利用するという違和感のある演出は、予測不能なTikTokらしい要素をうまく取り入れられています。

あなたへのエール

本音でぶつかり合え、
分かり合える関係性。
あなたも職場で
築きましょう。

動画を鑑賞

056

笑ってはいけない

笑ってはいけない変顔フィルター
Facefilter Challenge

あらすじ

今日も社長や社員たちは休憩中に面白い息抜きをしているようだ。笑ってはいけない変顔フィルターを使って、カメラ越しに強制的に顔が変わるのを見て、楽しんでいる。各々が口に水を含み、「笑ってはいけないゲーム」を楽しんでいる様子であった。

社長はいつも厳しい表情をしているが、このゲーム中は口を押さえて我慢している様子で、社員たちはニヤニヤしながら社長の変顔を楽しんでいる。

普段は上司と部下という立場上、このように打ち解けた雰囲気になることは少ないだろう。しかし、このゲームをきっかけに社内の人間関係がより良好なものになる可能性がある。それに、笑顔はストレス解消にもつながる。

社長や社員たちがこのように楽しいひとときを共有できるのは、会社にとってもプラスになることであろう。

制作の背景

変顔エフェクトが流行っていたので、「口に水を含んで笑わない」ゲームというシンプルな動画を試みました。フィルター機能を使えば簡単に顔の変化を実現できますが、社内で水を含んで笑うのは難しかったので、社外の階段でのロケを試みました。

外では光のコントロールに苦労しましたが、何とか明るい映像を撮影することができました。その後は水を吹くタイミングやアングルの設定を考えつつ、一発で自然な笑いが撮れるよう心がけました。

一見すると単純な構成ですが、流行のフィルターを使いつつ、水を含んで笑うというギミックが独自性を出しています。光の調整や一発撮りに試行錯誤しましたが、明るい映像と自然な笑顔を捉えることができました。

スマートフォンで手軽に面白い動画を作れることに、凄い時代になったなぁと感慨深いものがあります。

あなたへのエール

たわいもないことで笑い合える。そんな雰囲気に変えましょう。

変顔エフェクト
カメラの顔認識でエフェクトがかかる。SNS が提供していて、アプリもたくさんある。

057

社会人あるある

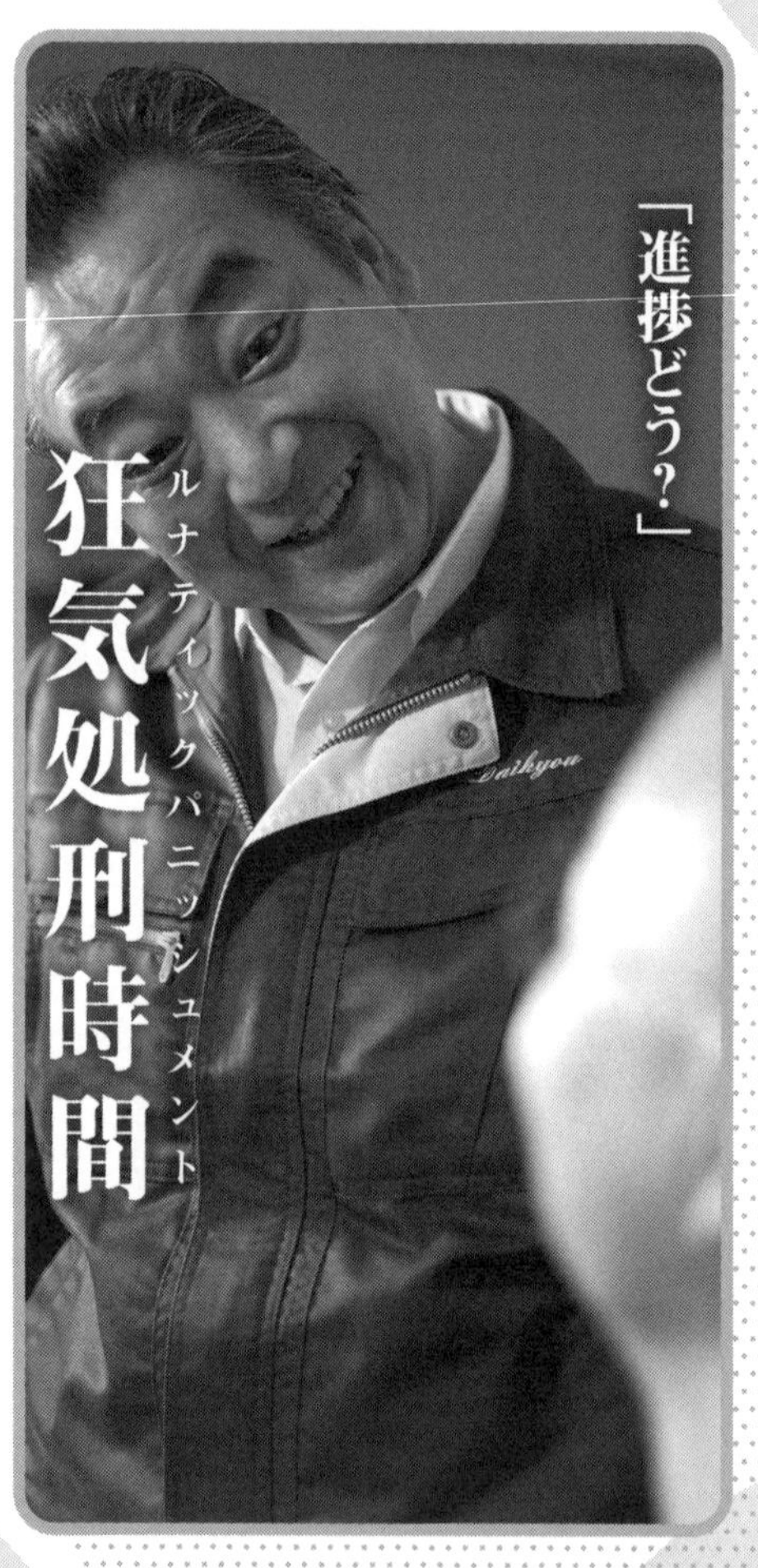

「進捗どう？」
狂気処刑時間
ルナティックパニッシュメント

あらすじ

社会人ならほとんどの方が経験したことであろう日常の1コマを題材に、会社生活を舞台にした物語を綴る試み。このプロジェクトは、会社という独特の環境で生まれる様々なドラマを浮き彫りにしようというものである。

部長が部下に向かって進捗を尋ねる場面では、不敵な笑みを浮かべ、緊迫感を漂わせる。その一方で、デスクの引き出しにお菓子を満載にしてしまう社長。

懐かしい昔話に花を咲かせる部長。

電話線に戦いを挑まれ、絡み取られる教育長。

動画ではお馴染みのキャラクターを配置して、会社というミニチュア社会のリアルな一端を切り取った。

「狂気処刑時間（ルナティックバニッシュメント）」「引出無限紡織（エターナルグラトニー）」「上司の黄昏（ラグナロク）」「不可逆的電話線（コードイリバーシブル）」

これらの表現は、アニメやゲーム世界を連想するものであるが、時には笑いを、時には共感を誘う。日常の物語がカタチを変えてみると、そこには非日常が存在するのかもしれない。

制作の背景

会社でよく見られる風景を高画質で撮影。ヒーローの必殺技のような表現を借りながら動画を作りました。高画質撮影ということもあり、ファイルサイズは相当な重さになりましたが、なんとかカタチにできた作品だと思います。苦戦した点はフレームレート（動画のなめらかさ）と光です。

高画質でスローにするためには、どうしてもフレームレートを上げなければいけない。その上で、フレームレートを上げると、電灯がちかちかするフリッカーという現象が発生してしまう。そこで電気を全て切って、自然光のみで撮影しました。

社員全員に「すみません、一度電気消します」とアナウンスして、了解を得てから、撮影に及びました。

その成果もあってハイクオリティな動画が出来上がりました。

あなたへのエール

日常の仕事風景も、切り取り方によってはファンタジーになる。

フレームレート
1秒間の動画が何枚の画像で構成されているかを示す単位のこと。

動画を鑑賞

058

警備会社の採用あるある

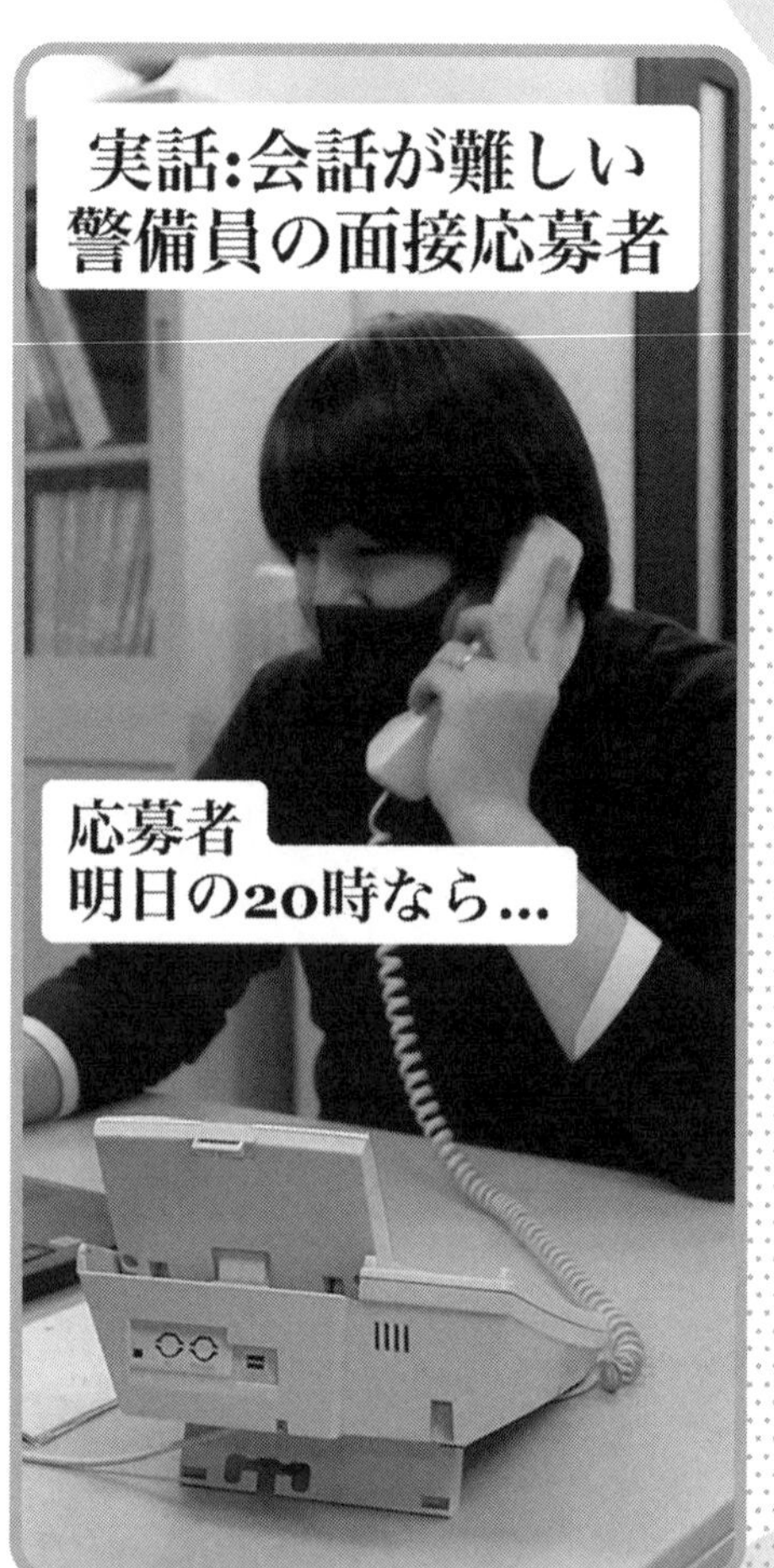

実話:会話が難しい
警備員の面接応募者
応募者
明日の20時なら…

あらすじ

警備会社の採用担当者にとって、応募者からの電話は日常茶飯事である。しかしながら、その中には特異なケースも存在する。

今回受けた電話はその一例であった。応募者の中には、面接の時間を指定された範囲外で要望する者がいる。

そのような状況に直面した際、採用担当者は規定された面接時間を再確認させることになる。しかし、今回の応募者はその通りにはいかなかった。規定時間を何度も説明しても、応募者の理解を得ることができず、根気強い交渉が続いた。最終的には、採用担当者のほうが折れるカタチとなり、本来ならばありえない時間外に面接の時間を設定することになってしまったのである。

このエピソードは、採用プロセスのなかでしばしば遭遇する、柔軟な対応が求められる場面のひとつと言えよう。

制作の背景

私たちがＳＮＳの活動をする背景のひとつが採用者を１人でも多く増やすという目的があります。

メールや電話をしていく中で不思議な体験をすることがあります。その不思議な体験を動画にしてみたら、共感が得られるかもしれないと思って作りました。

この動画を作ったのは２０２１年１月、まだショートムービーで企業がＳＮＳで動画を出してない頃でした。

今では採用向けの動画が増えていますが、当時はダンスや口パクでの動画がほとんどでした。そんな中で、この動画が受け入れられるのか？　まったく分からなかったですが、とにかくやってみました。

結果として、多くの共感コメントが得られました。

あなたへのエール

互いに歩み寄って妥協点を見つける。それも、立派な仕事のひとつ。

採用
いまや多くの企業にとって大きな課題となっている。応募者はこちらが想定していること以上に手強いことも。SNS活用が必須の時代に突入している。

動画を鑑賞

059

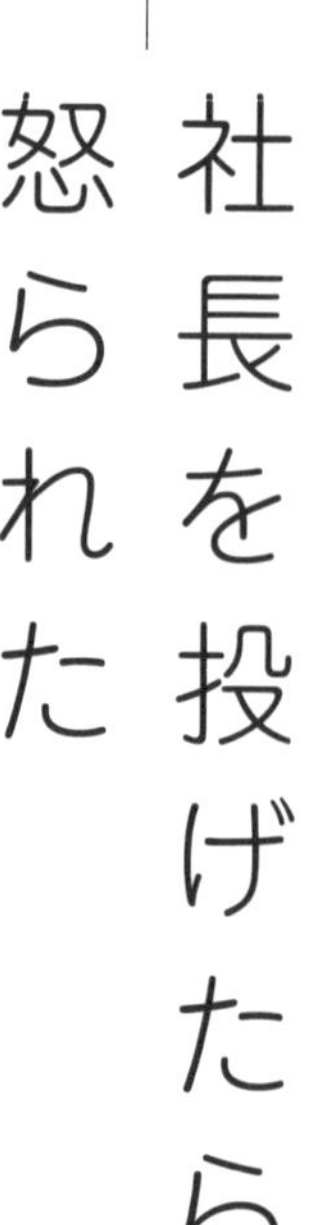

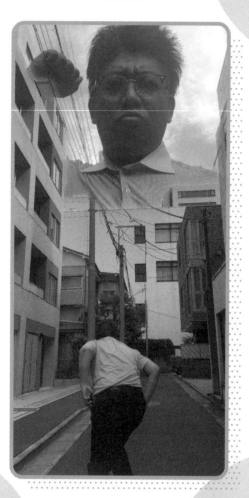

社長を投げたら怒られた

あらすじ

部長は以前から社長に対して不満を持っていた。社長は部下に厳しく当たることが多く、部長はそのストレスを溜め込んでいた。そんなある日、部長はイライラが頂点に達し、社長の写真をスマートフォンに入れて空に投げつけるという行動に及んだ。写真は宙に浮かんだかのように見え、部長は手品師のようにそれを受け取ってまた投げつけた。

すると次の瞬間、写真の中の社長が怒り狂うように大きくなった。部長は仰天し、自分がしたことの重大さに気づいた。

この出来事以来、部長は社長に対する態度を改めるようになった。以前ほどきつく当たらなくなり、部下としての立場をより一層理解するようになったのだ。

社長もまた、部長の気持ちに少し配慮するようになった。上司と部下の間には微妙なバランスが必要不可欠で、互いを尊重し合うことが大切なのだと、この一件を通じて部長は学んだのだった。

制作の背景

世界中でスマートフォンの画像を空に投げて、投げたら実際その画像が写真になって、その写真をさらに空に投げると、景色が変わるという映像が流行っていました。その流行にのってみたカタチです。

この映像には何点か編集的に難しい点も多かったですが、社長自身が巨大化すること、画像から写真に代わるところなどは編集上工夫が必要でした。また、部長が音楽に合わせて、その演技をすることも難しかったです。

ストーリーを作るのはコンセプトがあるので難しくはないのですが、映像に落とし込み、多くの人々に伝わるような表現にする際に難易度がグッと上がります。

あなたへのエール

上司・部下、
互いに感情表現が
ストレートに
できるといいですね。

動画を鑑賞

060

会社にあるものでクリスマスツリー

あらすじ

教育長は、緑色のデスクマットを持って、とっても楽しそうである。早めのクリスマス気分で、エフェクトを使い、クリスマスツリーを体現するつもりなのである。

タイミングよく引き伸ばされたデスクマットは、まるでクリスマスツリーのようになった。そして、デスクマットに飾るオーナメントを、一つひとつ丁寧に演出して完成させた。

教育長は、動画を眺めて、にっこり微笑んだ。そして、デスクマットを机の上に置いた。教育長は、もうすぐクリスマスがやってくることを、とても楽しみにしているのである。

教育長のこの小さな試みが、オフィスに温かい雰囲気を生み出している。そして、このようなひとときが、日々の業務に新たな活力を与えているのである。

メリー・クリスマス！

制作の背景

クリスマスをテーマにした動画を制作しました。画像を引き延ばすエフェクトが流行っていたので、それを取り入れつつ、海外で話題の動画を参考にしました。

会社のデスクマットを使い、クリスマスツリーに見立てることにしました。エフェクトとタイミングよく歩く動作でツリーのように見せることを目指しました。

真面目な警備会社のおじさんがこうした遊び心ある動画に参加している点にギャップを感じ取ってほしいと考えました。この動画を観た人は、脳内で違和感を覚えずにはいられないのではないかと思います。

流行のエフェクトや海外の流行要素も取り入れつつ、私たちならではの独自色を出せました。

あなたへのエール

ハレの日は、
ハレになるような
笑顔で。

デスクマット
デスクを汚れや傷から守る役目を果たすアイテム。作業用テーブルなどに敷かれる。

COLUMN 5

警備業はずっと人手不足

2023年12月21日時点で、2号警備(交通誘導、雑踏警備)の有効求人倍率は驚愕の42.9倍。１人に対して、約42.9社が求人を出しているという数字です。人々の安全を守るため、商業施設や工事現場など多岐にわたる場所で警備員の需要がある一方、ニーズに対する供給が不足している現状があり、人手不足解消への早急な対策が求められております。

おわりに

ゲームのエンディング。そして、新たな旅のスタート

本書の執筆を通して、ショートムービーのＳＮＳ活用について徹底的に検証することができました。もともとＷｅｂデザイナーやディレクターとして動画制作に携わってきた経験があり、動画マーケティングの重要性を熟知していたつもりでしたが、実際の企業経営にその知見を生かすまでには長い年月を要しました。

２００９年に大京警備保障株式会社に入社し、２０１２年に31歳で事業を承継してからは、警備業界の根本的な課題であった人手不足と高齢化の解決に取り組んできました。それと同時にアナログで処理していた社内外連携をＩＴ化に切り替えるなど、抜本的な経営改革を実施しました。

中で最も注力したのが、ＳＮＳを活用した動画コンテンツの投稿です。警備業界ではＳＮＳ活用があまり進んでおらず、ブランディングの機会が少なかったことから、社員の人間性が伝わるショートムービーを数多く公開し続けました。その結果、ＳＮＳ総フォロワー数455万人、動画総再生回数3億回超という驚異的な数字を叩き出すことに成功しました。

本書ではそうした取り組みの背景と、ショートムービー制作のプロセスなどを詳しく解説しています。単なる企業PRにとどまらず、動画コンテンツをいかにブランディングに活用するかが会社経営にとって肝心です。時代は、動画のインパクトを最大限活用できる企業が勝ち残るフェーズに移り変わりました。

動画マーケティングは今後ますます重要度を増すでしょう。本書がその指針のヒントとなり、あらゆる企業や組織の役に立つヒントを提供できれば望外の喜びです。読者の皆様の今後の活躍と「笑い」のある職場を心よりお祈りしております。

2024年5月吉日

櫻井大輔

Daikyo Security Company

BUCHO
KYOIKUCHO
KOHO
* * *
Daisuke Sakurai (SHACHO)

Crossmedia Publishig

Koji Shima (AE)
Mana Takaki (SP)
Rukino Uchiyama (DTP)
Yoshimi Ara (DTP)
Airi Mieno (ILLUST)
Tadafumi Jo (AD)
Eriko Iwase (PR)
Hidemi Kawabe (EDITOR)

RESTART!

［著者略歴］

櫻井大輔（さくらい・だいすけ）

大京警備保障株式会社 代表取締役社長
東京都生まれ。高校卒業後、警備会社でアルバイトを経験。その後、Webデザイナー、Webディレクターを経て、父が経営する大京警備保障株式会社に28歳で入社。31歳で事業承継。業界の大半と同じく2000年代から人手不足や高齢化が進む警備会社の経営改善に着手。福利厚生、社内外との連携、すべてがアナログだった環境を改善し「IT化」を図る。警備業界では活発ではなかったSNSを駆使し、外部へのブランディングを行う。とくに社内の雰囲気や人間性がわかるような動画を数々投稿することで、SNS総フォロワー数は455万人、TikTok等動画の総再生回数は3億回以上と着実に知名度を上昇させている。

ウケる働き方

2024年6月1日　初版発行

著　者　櫻井大輔

発行者　小早川幸一郎

発　行　株式会社クロスメディア・パブリッシング
〒151-0051 東京都渋谷区千駄ヶ谷4-20-3 東栄神宮外苑ビル
https://www.cm-publishing.co.jp
◎本の内容に関するお問い合わせ先：TEL（03）5413-3140／FAX（03）5413-3141

発　売　株式会社インプレス
〒101-0051 東京都千代田区神田神保町一丁目105番地
◎乱丁本・落丁本などのお問い合わせ先：FAX（03）6837-5023
service@impress.co.jp
※古書店で購入されたものについてはお取り替えできません

印刷・製本　中央精版印刷株式会社

　ISBN978-4-295-40968-7　C2034

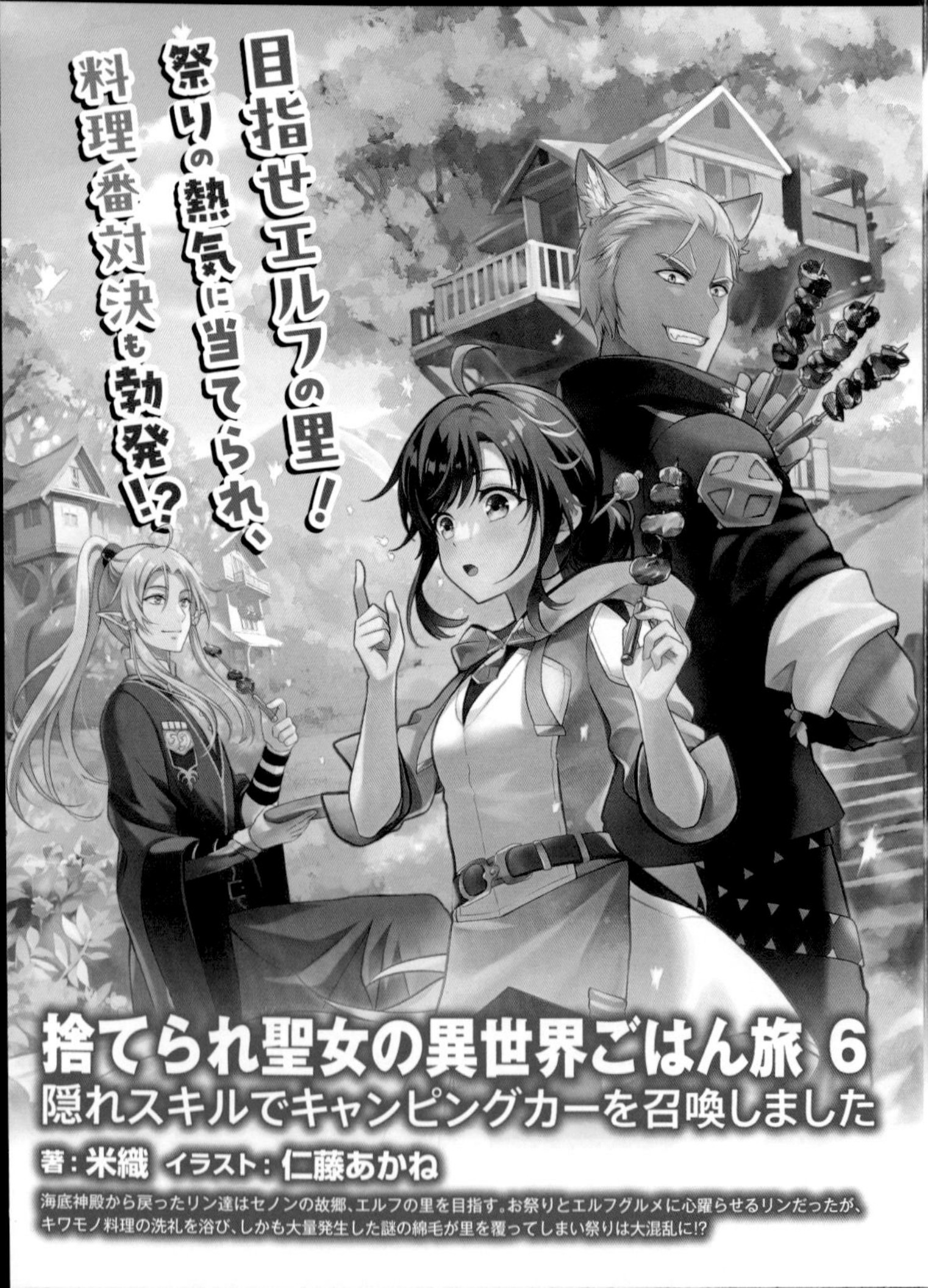

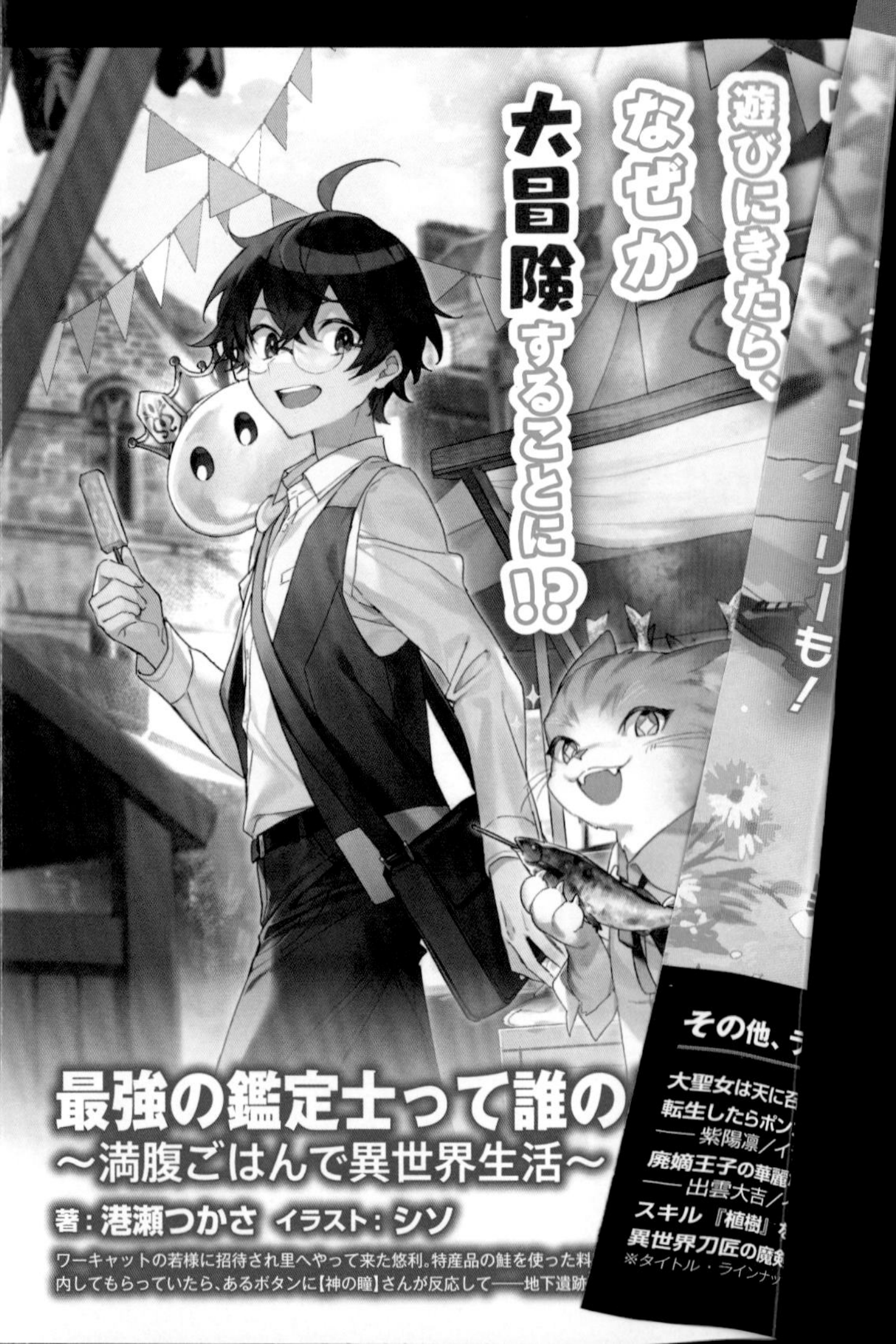

私も、こんな国を目指していた。

ここは私にとっての理想の国だ。


「あの……」

物思いに耽(ふけ)っていると、背後から遠慮がちにハスキーボイスが聞こえて跳ねるようにそちらを振り返る。

「お帰りなさい。しっかり温まりましたか？　はい、紅茶でよかったらどうぞ」

「あ……ありがとう」

私が淹れたばかりの紅茶を勧めると、彼女は礼の言葉を述べてから、私の向かいの椅子へ腰を下ろした。

「で、なんであんなところに倒れていたんです？　あ‼　あらためまして、先ほどもご挨拶はさせていただきましたが、私はリゼです。隣の神殿食堂で働いています」

なるべく警戒されないように笑顔で自己紹介をする。

第一印象、大事。

「助けてくれてありがとう、リゼ。あたしはアイネ。国際記者をしてる」

「国際記者、ですか？」

初めて聞く言葉に、私は首を傾(かし)げて聞き返す。

「あぁ。各国を渡り歩いて面白そうなネタや関心のある出来事を調べ、イラスト付きで紙に起こして売り歩く記者だよ。あたしのスキルを使えば、少しの間動く不思議なイラストが描けるんだ」

「わぁ‼　すごいですね‼　でも、どうしてそんな記者さんが行き倒れて……？」

旅をしていた割には荷物がなかったのも気になる。

もしかして追い剥ぎにでも……？

答えづらいことを聞いてしまったかしら？

聞いた後で不安になる私をよそに、アイネさんは特に気まずい様子もなく答えた。

「隣のベジタルで婚約破棄騒動についての情報を集めてたら捕まっちゃってさ。三日間も牢屋に入れられて、草しか与えられなくて……。突然馬車に乗るように言われて、しばらくしてあたしだけ降ろされた場所がこの国の森の中でね。荷物も返してもらえないままに置き去りにされちゃったんだよ。三日間ろくに食べてなかったのと、雨で身体が冷えて体力を消耗して倒れたんだと思う。本当、ありがとうね」

ベジタルで……婚約破棄騒動で――投獄された？

思いっきり私のせいじゃない⁉

いや、私じゃない。あのバカ王太子のせいだ。

何やってんのベジタル王国‼

「あの……本当、ごめんなさい」

居た堪れなくなった私は、彼女に深々と頭を下げた。

その理由を知るはずもないアイネさんは、キョトンと目を丸くして、

「どうしてあんたが謝るのさ？」

と笑って紅茶を啜る。

「……実はですね……」

私はアイネさんに自分の事情を説明した。

あまり人に言いふらすようなことではないけれど、当事者としては説明せざるを得ない。

この騒動のせいで投獄された人がいるなんて、考えもしなかったもの。

ひとしきり説明し終わって、それまで黙って聞いていたアイネさんがガタン——と無言で立ち上がった。

「何……それ」

「へ？」

「浮気王太子と略奪妹、勝手に期待して勝手に失望して娘を勘当した両親って……そりゃないいんじゃない⁉　しかもその場で何も持たせないまま追放とか、鬼畜か‼　ベジタル王国腐ってるな‼」

あぁ……怒っている……‼

自分のことでもないのにめちゃくちゃ怒っていらっしゃる……‼

すごい殺気だ。

「あの……アイネさん？」

「リゼ、あんたそんなひどいことされてよく生きてこられたね!!　えらい!!　えらいよリゼは!!」

机から乗り出してガッと私の両肩を掴むアイネさん。

「さぁどうしてやろうかベジタル……!!　冤罪に浮気に、言われなき追放に、あたしへの不当な拘束と保護責任者遺棄罪。――ふっふっふ……。ペンは剣よりも強し……!!　あたしの恨み、思い知るがいいわ!!」

アイネさんが復讐に燃えている……!!

「あ、あの、私は私で、もう新しい生活ができていますし、結果論ではありますが私はここに来られて、皆様に出会えて幸せなので」

案外充実している毎日を思い、私は穏やかに笑顔を携えると、ズズッと紅茶を啜った。

「……あんたは優しい人なんだね。あんたみたいな人が今幸せになれてるなら、あたしは嬉しいよ」

そう言って私に笑顔を向けてくれたアイネさん。

二人で顔を見合わせ笑い合っていると――。

ぐぅうぅぅ～～～～……。

盛大な音が私達の間で鳴り響いた。

「あ……」

そういえばアイネさん、三日間ほとんど食事できていなかったんだ‼

「アイネさん、少し待っててくださいね。私、ちょっと何か作ってきます‼」

「あ、ちょっと⁉」

私はアイネさんの声を聞かず、備え付けのキッチンへと走った。


さて、勢いでキッチンに来たものの、何を作ろう。

私はとりあえず、今ある食材を確認することにした。

結果――。

ケイメスの卵四個。

フリスの葉六枚。

ロールパン六つ。

調味料が数種類。

そしてモーモーのミルク。

――生活感0‼

「なんてこった……」

まぁそうよね。

だって基本的に朝以外は食堂で賄いをいただいてるから、こっちでちゃんと料理することなんてほとんどないし。

で、何を作れと⁉

いや、作らねば‼

アイネさんのお腹のためにも‼

でもこのロールパン。中にバターが入っているわけでもなければ、ショコリエみたいな甘味が練り込まれているわけでもない。

いつもジャムをつけて食べているけれど、あいにく今は切らしているし……さて、どうすべきか。

卵やミルクもあるし、フレンティでも作る？

いやいや、ロールパンは厚みがあるから卵液ミルクの染み込みに時間がかかるし、中まで火を通すにも火加減が難しいだろう。

クララさんのような熟練されたプロならまだしも、ちょっと前まで料理の【り】の字も知らなかった私が出会ったばかりの人に出すものとしてチャレンジするには、ハードルが高すぎる。

浸すのも焼くのも厳しいようなら……う～ん……。

「……いっそ挟む？」

ぁ、イケるかも。

考えがまとまってきた私は、すぐに調理に取り掛かる。

まずは卵をボウルへと割り入れ混ぜてから、熱々のフライパンへと流し込み混ぜる。

そう、スクランブルエッグだ。

私がここに来て初めてクラさんに教わった料理。

本当は少し味付けをするのだけれど、後々のことを考えて敢えて味付けはしない。

そして出来上がったものをペーパーの上へと移し、一旦油を切るために置いておく。

そして次。

「【たくあん錬成】‼」

一本の〝たくあん〟を錬成する。

さて、あとは食べやすいように小さく切らなくてはいけない。

「欲しい形にして錬成できたらいいのに。全く、融通の利かないスキルね」

悪態をつきながら小さく細かく〝たくあん〟を刻んでいく。

「さて、あとは……」

取り出したのはマヨソース。

最初に作ったスクランブルエッグと〝たくあん〟、そしてマヨソースを全て一緒くたに混ぜ合わせ、黄色と白が混ざったモッテリとした具材が完成。

「最後はパンね」

私はロールパンの真ん中に一本、軽く切り込みを入れていく。

その切り込みの中に、フリスの葉を三等分にしたものと、先程のモッテリとしたクリーム状の具

材を挟み込んで出来上がり‼

題して【ロールＤＥスクランブル〝たくあん〟】よ‼

トレーの上にそれらを載せた皿を並べ、急いでアイネさんのもとへと持っていく。


「お待たせしました〜‼」

私は【ロールＤＥスクランブル〝たくあん〟】を六つ載せた大皿をテーブルの真ん中へ置き、小皿を彼女の前へと置いた。

「何、この料理。全国各地を旅してきたけど、こんな料理は初めて見たよ」

「ふふ。先ほど話したスキルで作り出した〝たくあん〟と、スクランブルエッグ、それにマヨソースを混ぜて挟んでみました。どうぞ、召し上がれ」

アイネさんが恐る恐る大皿へと手を伸ばし、まじまじとそれを眺めた後に、ゆっくりと口へと運んだ。

ぱくり。

ボリボリボリボリ……。

時々〝たくあん〟の軽快な音を響かせながら、ゆっくりと味わうように咀嚼(そしやく)する。

「……美味(おい)しい‼　美味しいよこれ‼　初めて食べる味だけど、柔らかいパンにこの〝たくあん〟っていうやつの食感がアクセントになって美味しいし、ちょうどいい塩加減。いろんな国を渡り歩いてるけどさ、こんなの初めて食べたよ‼」

大きな目を輝かせながら、アイネさんが身を乗り出して興奮したように感想を述べてくれた。

よかった、気に入ってもらえて。

これもレシピに書き起こしておかなきゃ。

「ふふ、よかったです。アイネさんのお口に合って」

「あ、それだけどさ、あたしのことは呼び捨てでいいし、敬語もいらないよ。ていうか、敬語使うな。くすぐったいから」

少しだけ頬を染め、照れを含むむすりとした顔で食べながらそう言ったアイネさんに、先日レジィにも同じことを言われたなぁと思い出す。

〝友達に敬語とか使わなくていいから〟。

そう言った彼女も、今のアイネさんと同じような表情をしていたっけ。

「ふふ、わかったわ。ありがとう、アイネ」

確かにそうだ。

レジィやアイネは、今まで私の周りにいた腹の探り合いをするような相手でもなければ、食堂のお客さんというわけでもない。

偶然私が拾って。

偶然関わることになった。

偶然で結ばれた人達。

少し、気を抜いてもいいのかもしれない。

「ん、それにしてもほんと美味しい‼　最高だよ‼　リゼ天才‼」

もしゃもしゃと食べ進めながら褒めちぎるアイネに、今度は私の顔に熱が籠り始めた。

「なんか力も湧いてくるし、こんなすごいもの作れる美人をみすみす手放すなんて、ベジタルの王太子もバカなことしたね」

冗談めかして笑いながらそう言ってくれるアイネに、少し心が軽くなる。

「ふふ。後悔してももう遅いんだからね」

と私もそれに応えるように冗談めかして言う。

こんなふうにあの人のことを言える日が来るなんて思ってもみなかった。

二人で顔を見合わせて笑い合ったその時——。

バンッ‼

「リゼさん無事⁉」

突然息を切らしながら、ノックもなしに荒々しく入ってきたのは、所々汚れた聖騎士服を着たクロードさんだ。

そういえば、今日は朝クロードさんが聖騎士として魔物の討伐に行く前に会ったきりだ。

「クロードさん、どうしたんですか？　こんな夜にノックもなしに……。何か事件でも？」

普段紳士な彼がこんな汚れたまま、しかも無断で女性の部屋の扉を開けるなんて、何かあったに違いない。そう思い至った私は、椅子から立ち上がるとドアを開けた状態でこちらを見つめたままのクロードさんのもとへと歩み寄った。

「あぁ、大事件だね‼　さっき討伐から帰ってきて、ダメもとで貴女に会いに行ったんだ。少しでも顔を見ることができたらラッキーだなと思って。そうしたら食堂の出入り口付近で、貴女が若い男を担いで帰って行ったって目撃者がいて、居ても立ってもいられなくて、服もそのままにここまで来てしまった」

「若い男を？」

「あぁそうだ、この若いおと……こ……？」

庇うように私の肩を抱き、アイネに視線を移したクロードさんは、そこでようやく彼女が男ではないということに気づいたようだ。

それにしても、アイネを拾ったところを見られていたとは知らなかった。

変な噂にならなきゃいいけど。

ベリーショートの髪で長身の彼女は、暗がりならもしかしたら男性にも見えるかもしれない。遠くから見ていたならば尚更に。

「残念ながら、あたしは女ですよ、この国の第二王子殿下」

両手を上げ戯けたように言うアイネに、説明を求めるように私を見つめるクロードさん。

「少し事情がありまして……。とりあえず、クロードさん、夕食まででしたら、少しつまみながらでもお話ししませんか？」

私が空いているもう一脚の椅子を勧めると、「あ、あぁ、お邪魔する」と言って勧められた椅子へと腰を下ろしたクロードさん。

視線は未だアイネから動かない。

それは警戒からか、驚きからか、どちらにしろ険しい顔をしている。

「さ、とりあえず【ロールＤＥスクランブル〝たくあん〟】をどうぞ」

と未使用の皿とカップをキッチンから持ってきて、彼の前へと置く。

「ありがとう、リゼさん」

ようやく私の方へと視線が移ると、クロードさんは今度はとろけそうな笑みを浮かべた。

「ふふ。結婚したら、毎日こんな感じで、一緒に食卓を囲めるんだろうなぁ……」

あぁ……クロードさんの妄想タイムが始まった。

初恋を拗(こじ)らせ気味のクロードさんのこの状態には最近慣れてきた。

あれか。美形は正義っていうやつか。

「ん、おいしい‼」

「リゼは料理上手だね」

一口、二口、と食べ進めるクロードさんとアイネ。

食べながら、私はアイネとの事の経緯をクロードさんに説明した。

説明し終えた時にはお皿は綺麗に空っぽになっていた。

「――ふむ……ベジタル王国が……。実はね、かの国が少しおかしなことになっているとは聞いていたんだ」

すっかり冷めた紅茶を口に含みながら、ようやくアイネへの警戒心を解いたクロードさんが神妙な顔つきで言った。

「おかしなこと？」

すかさず私が聞き返すと、首をゆっくり縦に振り、彼が続ける。

「リゼさん――リゼリア・カスタローネ公爵令嬢との婚約破棄や追放のことを知った国民達が、抗議の声をあげているらしい。そして王太子は、それらの声をことごとく無視し、熱烈な抗議の声をあげる者は強制的に投獄しているようだ」

「は⁉」

なんで国民がそのことを知って……。

それに抗議の声⁉

しかも投獄⁉

なんの罪もない人々を⁉

なんて愚かなの……。

「国民のために自ら動いて色々な待遇を改善してくれた貴女は、特に騎士や国民の間では人気だったから……彼らも怒りを覚えたんだろう」

知らなかった。

確かに、騎士団の待遇改善や国民の医療設備、道路整備や農作業効率の向上については私が関わって変えていったりしたけれど、そんなふうに思っていてくれただなんて。

思わず胸に熱いものが込み上げる。

「どうにかできないでしょうか？」

彼らが私のせいで投獄されるなんて申し訳なさすぎる。

私の問いかけに、クロードさんは優しく微笑んでから口を開いた。

「大丈夫だよ。兄上がそこら辺も調査の上、ベジタルの王にでも話をしてみるそうだ。少し任せてみよう」

クロードさんのお兄様——この国の王太子殿下は、とても頭の切れる有能な方だ。

私も何度か外交の際にラズロフ様の婚約者としてお会いしたことがあるけれど、しっかりとした大人な雰囲気の人格者だった。

きっとベジタル王国のことも、なんとかしてくれる。

私はそう信じて、無言で頷(うなず)いた。

「いっそのことベジタル王国を乗っ取って、あんた達が王と王妃になりゃいいのに」

ぽろりと放たれたアイネの言葉に、頬が熱くなる。

王と王妃って……それって……!!

「リゼさん、俺達お似合いだって。やったね」

クロードさんが嬉しそうに私に同意を求める。

「言ってないから」

「言われてないですっ」

私とアイネの声が重なった。

「はは。照れなくていいのに。まぁ、じゃあこの件はひとまず兄上に丸投げするとして、神殿長に言っておくからアイネ殿はこの国にいる間ここに泊まるといい。部屋はまだいっぱいあるし。食事も隣の食堂で食べたらいいよ」

そう言って立ち上がるクロードさん。

「ありがとう、殿下」

あぁ、もう帰ってしまうのか、と、彼が帰るのを少し残念に思う自分がいることに気づいて顔をぶんぶんと横に振り霧散させる。

「じゃ、いつまでも女性の部屋にいるのもよろしくないし、行くね。リゼさん、また明日」

チュッ——と短いリップ音とともに頬に灯る温かい感触を置き去りにして、クロードさんは機嫌良さそうに私の部屋から去っていった。

「………大丈夫？　リゼ」

「……だめかも」

窓の外の雨音だけを妙に大きく感じながら、私の一日は終わっていった。

＊＊＊

翌朝私はいつものように食堂に出勤した。

かちゃりと鍵を開けて、クララさんが来る前にテキパキと支度をしていく。

この作業ももう随分と慣れてきた。

最初はクララさんが出勤しても終わっていなくて、一緒にやらせちゃうくらいモタモタしていたのに。

ようやくこの暮らしに慣れてきたのかな、私。

公爵令嬢としての知識や、次期王太子妃としてやってきたことなんて一切役に立たなくて、やることなすこと全てが初めて。

まるで自分が、何も知らない赤ん坊のように感じられたっけ。

そんな私に辛抱強くたくさんのことを教えてくれたクララさん。

毎日様子を見にきて見守ってくれていたクロードさん。

ジェイドさんやエレンさん、常連さん達、孤児院の子ども達。そしてレジィにアイネ。

いつの間にかこんなにも支えてくれる〝大切〟が増えていった。

この国に……この街に来て、本当によかった。

「おっはよー。ってあら？　どうしたのリゼ？　死期を悟った人みたいな顔してるわよ」

「あ……おはようございます、クララさん。いやちょっとクララさん達に助けてもらってここまで生きてきたんだなぁと、改めて浸っておりまして」

賑やかな挨拶と共に入ってきたクララさんに、私はさっきまで感じていたものを伝える。

「あー……。確かにあんた、最初はボロボロだったものねぇ。でも、あんたが頑張ったから今があるのよ。誇りなさいな」

そう言って厳つい顔をたらんと緩ませ、私の頭をガシガシと撫でるクララさんにくすぐったい気持ちになりながらも「ありがとうございます」と笑顔で礼を述べた。

「下準備はもうできてますから、あとは孤児院用にワゴンに載せるだけです」

私は照れ臭さを誤魔化すように言うと、スープの入った鍋やパンの並んだトレーをワゴンへと載せていく。

最後にミルクの入ったボトルを載せて、っと。

よし完成。

後はワゴンを取りに来るのを待つだけなので、私はクララさんと談笑しながら座って待っていると――。

「リゼちゃん‼」

「リゼちゃん彼氏できたって⁉」

「本当か⁉」

慌ただしく食堂に入ってきたのは常連のトマさんトゥナさん、イアンさんの中年三人衆。

ん？　彼氏？

私の頭の中で昨夜のクロードさんの言葉がよみがえる。

〝あなたが若い男を担いで帰って行ったって目撃者がいて〟。

まさかこの三人衆が目撃者……？

そしてもしかしなくても昨日のアレのこと⁉

「何なのあんた達、朝っぱらから騒々しいわねぇ。朝は神殿職員専用よぉ。ごはんなら昼か夜に来なさい」

クララさんが腰に手を当て凄むけれど、三人はお構いなしだ。

「これが落ち着いていられるかってんだ‼」

「俺達のリゼちゃんに彼氏だぜ⁉」

「俺達皆リゼちゃんファンなのによ‼」

涙目になりながらそう言ってくれる三人組に苦笑いを浮かべ、私が説明をするために口を開いたその刹那。

「リゼちゃんに……彼氏、ですって……⁉　ちょぉぉっとぉぉおっ‼　どうなってんのよクラウス‼　あんた一応保護者なら私のリゼちゃんに群がる虫ぐらい排除しときなさいよね‼」

「エレンさん……」

朝の巡回に立ち寄ったエレンさんまでもが誤解をしてクララさんに詰め寄る始末。

「私も初耳よぉっ‼　ていうか、あんたのじゃないでしょぉぉぉおおっ⁉」

朝から皆元気だなぁ。

どこか他人事のように賑やかな光景を感じながら、私はコホン、とひとつ咳払いをしてから再び口を開いた。

「皆さん、昨夜のことを言っているなら、私が部屋に連れ帰ったのは女性ですよ。ベリーショートで長身の。神殿の前で行き倒れていたので、連れて帰って保護しています。神殿で聞いてもらえれば神殿長が証言してくださいますよ」

神殿長の名前は効果抜群で、説明すると彼らは「なんだ、そうだったのか」「神殿長もご存じなら心配いらねぇ」「邪魔したな」と安心して帰っていった。

けれどその後も次から次へと常連のお客さんが朝の食堂へと現れてそのたびに誤解を解いて回る羽目になった私は、ランチタイムにはぐったりしていた。

「なんか……ごめんよ？　リゼ」

エビフライのたくタル添えを食べながら、申し訳なさそうに眉を下げるアイネ。

「ううん、大丈夫。皆街中に誤解を解いて回ってくれてるから、確かめに来る人も落ち着いたし」

ここへ真偽を確かめに来た常連さん達が、噂の火消しに回ってくれているようだ。ありがたい。

「それにしても、リゼは街の人に愛されてるんだね」

「愛、なのかはよくわからないけど、いつもよくしてもらってるわ」

「一番リゼさんを愛してるのは俺だけどね」

背後から声がかかって振り返ると、にっこりと爽やかな笑顔を携えたクロードさんが立っていた。

「クロードさん、いらっしゃい」

「うん。朝挨拶に寄ったぶりだけど、昼も可愛いよ、リゼさん」

言いながらクロードさんは高いところで一つに括った私の髪を手にとり口付ける。

うぅ……恥ずかしい。

どうしてこの人いつもこんなに激甘なのかしら。

私は慣れてないっていうのに。

「あ、そうだ。そんなラブラブなリゼと殿下に、これ」

言いながらアイネが取り出したのは、二枚のカード。

そこには微笑(ほほえ)む私とクロードさんの姿が描かれている。

そして時々絵の中の二人が目を合わせ、また笑顔を咲かせる。

とてもリアルに描かれた、絵とは思えないほどのクオリティだ。

「これ……アイネのスキル？　素敵ね」

私が驚きながらたずねると、彼女はニッと笑ってうなずいた。

「拾ってくれた恩と、部屋を貸してもらってる恩に対するお礼さ。今のあたしにはこれぐらいしかできないけど……」

アイネは照れたように頭を掻(か)きながら私とクロードさんに一枚ずつそれを渡し、それを受け取ったクロードさんは目を輝かせた。

「ありがとう。これなら持ち歩けるし、いつでもリゼさんを見ることができる。早速城の魔術師に保護魔法をかけてもらうよ」

持ち歩く!?

まさか討伐にも持っていく気かしら……。

「どういたしまして」

クロードさんに返事をすると、アイネは席を立ち、少ししゃがんで私の耳元に口を寄せ耳打ちする。

「三人になったらすぐに言ってね。あたしが無料で描いてあげるからさ」

予想だにしていなかった言葉に顔を真っ赤にして、私はしばらくフリーズすることになるのだった。

【Ｓｉｄｅクロード】


俺の初恋の女性が婚約者から婚約破棄をされたと聞いて考えもなく国を飛び出し、行き倒れたところをその初恋の人本人であるリゼリア嬢に拾ってもらったのは、もう数ヶ月も前のこと。

彼女は毎日、元気に健やかに過ごし、食堂やこの街全体に馴染んでいった。

やっぱりここに連れてきて正解だった。元気印の我が叔父、クラウスがそばにいてくれる環境は、彼女にとって良かったんだろう。

リゼさんの笑顔を見られるおかげで、俺の毎日も輝いている。

それにしても、初恋のリゼさんが俺の国に、それも俺の職場の隣の食堂にいる……。

毎日顔を見て、毎日話をして、彼女の手料理を食べて……。

俺は死ぬのか？

フラグなのか？

幸せすぎるだろう‼

はぁ……俺のリゼさんが可愛すぎて尊い……‼

――そんな彼女が追放される原因になった【たくあん錬成】スキル。

初めて会った日に食べて驚いた。

塩みのある味の中にほんのりとした甘味。

今まで食べたことのない味だが、とても美味(おい)しい。だがそれよりももっと驚いたのは、その力だ。

飽きることなく食べることのできる不思議な感覚。そして身体の奥底から湧き上がる力。

そして重傷を負っていたジェイドの傷を癒したことから、疑いは確信に近いものとなった。

俺は浮かんできた疑いをクラウスと神殿長にのみ話し、神殿長にはリゼさんが出した〝たくあん〟の鑑定を、クラウスには彼女の身辺警護と、世話を依頼した。

「て……やはりリゼさんのスキルは【光魔法】によるものだとはな……」

なぜそれが〝たくあん〟を通してなのかはわからないが、彼女には聖なる癒しの力がある。

そう――彼女が期待されていた予言の聖女だったのだ。

それをみすみす逃したベジタル王国王太子のなんと愚かなことか。

〝たくあん〟が食べ物だということ以外鑑定できなかった鑑定士には、礼を言わねばならないな。

おかげでリゼさんを、あの馬鹿王太子の妻にせずに済んだのだから。

少しだけ冷たい風の夜道をしばらく歩いて外れに出ると、王家の馬車が俺を待っていた。

俺に気づいた御者が馬車から降り、すかさず扉を開ける。

いた。

窓の外の変わりゆく景色を見つめながらも、俺はさきほどまで一緒にいたリゼさんを思い出していた。

「ありがとう」

俺が一言彼に礼を言い馬車に乗り込むと、ゆっくりと城へ向けて馬車が走り出す。

「……女でよかった」

リゼさんが男を部屋に連れ込んだと聞いた時には心が凍り付いたように冷たくなったのを覚えている。

いや、リゼさんの交友関係を俺がどうこう言うべきではないし、もし仮にほかの男と付き合ったとしても、リゼさんの幸せが俺の幸せだ。問題ないはずだった。

もちろん、俺のことを見てくれたらという淡い期待はずっと抱いていたが……。

それでも、リゼさんが幸せになれるなら、他の男であろうと——喜んで、は無理だが、祝福はするつもりだったのに……。

「まいったなぁ……」

手放せなくなっているじゃないか。

会うたびに好きになっていく。

会うたびに愛おしい気持ちが溢(あふ)れる。

こんな気持ちになるなんて、想定外だ。

懐に入れた、アイネにもらった魔法絵を取り出し、そっと左手で彼女に触れる。
笑顔で見つめあう俺とリゼさん。
「……幸せそうだな」
今はまだ、このままでいい。
いずれそうなれば……。
いや、多くは望むまい。
俺は、俺の大切なリゼさんの幸せを、守り抜いてみせる。
たとえ、かの国が何を企んでいたとしても――。

6 王家からの依頼

「さぁ、今日もしっかり売るわよぉぉぉぉぉお‼」

「はい‼　クララさん‼」

この間、〝たくあん〟とショコリエを合わせたお菓子を開発した私。

店で持ち帰り用に売り出したところ大評判で、これを目当てにこの店に訪れるお客さんもいるというくらい大人気商品になった。

たくあんを薄く切りシュガリエで漬けてから乾燥させ、ショコリエでコーティングした【ショコリエたくあん】の甘みと塩みのハイバランスに皆が虜になっている。

そこまでに大繁盛しているのは、実はアイネのおかげでもある。

彼女がこの食堂についての記事を書いて、宣伝してくれたのだ。

彼女のスキルで描かれた、美味しそうな〝たくあん〟料理のイラスト付きで。

新聞は瞬く間に完売。

旅の資金を手に入れたアイネは、

「ちょっと隣の街に行って宣伝がてら稼いでくるわ」

と言ってまた旅に出てしまった。

少し寂しいけれど、拠点は資金が貯まるまではこの国にするみたいだし、またすぐに帰ってくるらしい。

「リゼさん、おはよう」

いつものごとく出勤前の朝の挨拶をしにクロードさんが食堂を訪れる。

彼は朝昼夜、必ず私の顔を見ないと落ち着かないらしい。

奇特な人だ。

でも、そんないつも優しくてドロドロに甘やかしてくれる彼に絆されているだなんて言えない。

絶対に。

「おはようございます、クロードさん」

私は笑顔で挨拶を返す。

「ん。今日も可愛いよ、リゼさん」

これもルーティーン。

いつものごとく飽きもせず甘い言葉を囁いてくる。

この人慣れてない⁉

本当に今まで女っ気なかったのかしら……？

はっ‼　やっぱりあの馬鹿王太子みたいに裏ではかなり遊んでるとか……？

ラズロフ様のせいでかなりの男性不信に陥っている私は、信じるということをどこかに忘れてきてしまったのかもしれない。

ラズロフ様は一応公務に関してはかなり真面目な方だった。

私の言うことには気に入らなそうにしていたけれど、彼は彼なりに考え、行動し、国を繁栄させようとしていたのだ。

私のことは気に入らなくても、仕事に対しては真面目な、自分にも他人にも厳しい方。

それがそれまでの私の中でのラズロフ様だった。

なのにアメリアと通じていたのだから、どんな人間にもきっと裏があるものなのだ。

クロードさんだって例外では——。

「あのね、前にも言ったと思うけど、俺は遊んでもいないし、他に懇意にしてる女性もいないからね？　ずっとリゼさん一筋なんだから。そこは誤解のないように」

私の思考を遮り、じっとりとした目をこちらに向けながらクロードさんが言った。

この人、なんでいつも私が考えてることがわかるんだろう？

そういうスキルでも持ち合わせているのかしら？

いや、彼は光魔法スキルだったからその線は無いか。

「どうして口にしてないことがわかるのか不思議に思ってる？　そんなの、リゼさんの顔を見てればわかるよ。すぐ顔に出ちゃうんだから」

ニンマリと笑うクロードさんに、私は自分の顔をペチペチと両手で触る。

私、そんなに顔に出るかしら？

「本当、リゼさんは可愛いな。肝心なことは顔に出さないくせにこういう時だけは顔に全てが表れちゃうんだから」

「うっ……!!　そ、それより、そろそろ聖騎士のお仕事に行かなくても良いんですか？」

私は恥ずかしさを誤魔化すように無理やりに話題を変える。

すると彼は何故(なぜ)か食堂の椅子に腰掛け、ゆったりモードに入ってしまった。

「それがねぇ……、ちょっとリゼさんに依頼があってさ」

「依頼？」

神妙な顔つき……何かあったのかしら？

すると目の前のテーブルにさっと紅茶入りのカップが二つ載せられたトレーが差し出された。

「神殿連中のごはんの対応は私がするから、それ持って奥で殿下の話聞いてあげなさい」

そう言ってニッと笑ったクララさんは、言うだけ言うと厨房(ちゅうぼう)へと戻っていった。

「さすがだな、クラウスは。意外に気が利(き)くやつだ」

奥で、ということは、おおっぴらには話せないこと、ということだろうか。

「じゃあ、とりあえずいきましょうか」

私が言ってトレーを持つと「俺が持つよ」とさりげなく取っていくクロードさん。

私はそれに対して「ありがとうございます」と礼を言うと、彼を奥の休憩室へと案内した。

休憩室には長方形の大きな机とソファだけが鎮座して、カーテンから浸透してくる光が部屋全体を照らす。

私とクロードさんは向かい合ってソファへと座った。

「で、なにがあったんでしょう？」

トレーを受け取り紅茶を彼の前に置きながら私がたずねると、クロードさんはものすごく良い笑顔で答えた。

「リゼさん、ちょっとお願いなんだけどさ……。一週間ぐらい城に住んでくれないかな？」

――――は？

「俺のそばで、毎日寝起きしてくれない？」

「寝起き……って……そ、そんな、え、ちょ、待っ」

突然の問題発言に言葉がうまく出てこない。

「まぁまぁ、落ち着いて。詳しく説明するからさ」

ふぅ、とマイペースに紅茶を一口飲んで息をつくと、彼は今度は真剣な瞳(ひとみ)をこちらによこして続けた。

「実はね、一昨日(おととい)から隣国ベアロボスの王子が一人、国交のためにフルティアに来てるんだ」

「ベアロボス……獣人の国、ですよね？」

このフルティアの東側に面したもう一つの隣国、獣人の国【ベアロボス】。

犬科、うさぎ科、猫科……いろんなタイプの獣人が暮らしていると聞く。

確か、ベアロボスの王家の方は犬科狼系だったっけ。

「うん。そこの第一王子ベアル殿が来ているんだけど……食事をね、摂ってくれないんだ」

「食事を？」

「うん。正確には、多少は食べてくれてるんだけど……ね」

また一口紅茶を口に含んでから、彼は肩を落として背にもたれるようにして力なくソファに沈んだ。

「一応ベアロボスの狼系獣人の主食でもある肉料理をメインに、うちの国の料理と合わせて出してるんだけど……どれも食べる前からひどく表情を歪めて、席を立って部屋に帰ってしまうんだ。従者が食事を部屋に運んで、部屋では多少食べてるみたいだけど、やっぱり残すものの方が多いみたいだし。一週間後には晩餐会も控えてるというのに、これでは両国の友好を示すどころか、国民や臣下の目には逆に映ってしまうだろう」

確かに、晩餐の途中で顔を歪めて立ち去られでもしたら、その場は騒然となりそうだし、ベアロボスに不快感を抱くものも出てくるだろう。それに、何日もあまり食べないようであれば身体を壊しかねない。

「今ベアル様は何を食べられているんですか？」

「一応主食は肉料理を食べているよ。シンプルな味付けで焼いた肉と、茹でた野菜、だね。だが酒類は一切口にしていないようだし、甘味も全く。特定の野菜やスパイスを効かせたような料理、ドレッシングをかけたものも残しているらしい。ただ食べているものでも、全員が揃う場では食べることがない」

なるほど。

シンプルな味付けの肉と茹で野菜。

ベアロボスの狼系獣人が一般的に好むものね。

でも変ね。一人だと食べるものもあるのに、皆と一緒にいる時は食べないなんて。

……人見知り？

「ということで、リゼさんには晩餐会までの間王城に滞在してもらって、ベアル殿の料理を担当してもらいたいんだ」

なるほど、料理アドバイザーか。

だけど平民である私が王城に滞在するのは、上下の地位を重んじる人達から見ればあまりよろしくない。

「せっかくですがクロードさん。私はもう公爵令嬢ではありません。公爵令嬢であり、馬鹿……ゴホンッ、ラズロフ王太子殿下の婚約者であった頃ならばまだしも、今はただの平民リゼ。それが王城に滞在するというのは、体裁がよろしくないかと」

いくらクロードさんが王位継承権放棄を意思表示していても、まだ王太子夫妻に子がいないうちは、言い方は悪いが彼はスペアだ。

彼は国民との距離が近いから皆気にしていないだろうけど、貴族連中から見れば私達は王位継承権を持った王子と平民女性。

どう考えても、不釣り合いだ。

少し突き放すように言った言葉にクロードさんは少しだけ表情を硬くしてから「そっか……」と小さくこぼした。

「うん。リゼさんがそれを気にするのならば、今日は一度帰るよ」

静かに言って立ち上がるクロードさんに、私は口をキュッと結んで思わず彼を見上げる。

嫌われた？

呆（あき）れられた？

面倒で恩知らずだと……、役に立たないと思われた、だろうか。

〝役立たず‼〟

あの日の声が耳によみがえる。

信じていたもの全てから裏切られ、厭（いと）われ、捨てられた日の記憶。

手足が微（かす）かに震え始める。

そうか、私、この人に嫌われるのが——。

見限られるのが怖いんだ——。

それはなぜなのか。その答えへ至る前に、思考に沈んでいく私の頭上にポン、と温かい感触が降ってきた。

——クロードさんの手だ。

「だいたい何考えてるのかはわかるけど、俺はあいつらとは違うからね？」

「っ……」

「貴女(あなた)を悩ませるもの全て、俺が黙らせてみせる。だから待っていて」

再び見上げれば、彼の穏やかな笑顔。

そしてゆっくりとそれが近づいて、私のおでこに小さなリップ音とともに触れた。

「っ⁉」

「じゃ、また明日、いろいろなんとかしてくるから待っててね。俺の【たくあん聖女】さん」

「【たくあん聖女】⁉」

何その変な名前‼

妙なあだ名だけを残して、そのままクロードさんはクスクスと笑いながら部屋を出て行った。

……何……。

なんだったの？

「いや……【たくあん聖女】って……何そのネーミングセンス」

あれから呼びにきたクララさんに声をかけられるまで、私は呆然(ぼうぜん)としたままソファに身を委ねていた。

ランチタイムからの営業も、自分が何を作って何を話していたか、あまり覚えていない。

その日はクララさんに呆れられながらも、大きなミスはすることなく一日を終えた。

7 獣人の国ベアロボスの王子は強敵でした

クロードさんから話を聞いたその翌日。

食堂は休みの日。

クロードさんは〝また明日〟と言っていたけれど、どうすれば良いんだろう。

特にやることもないので、とりあえずクロードさんの知らせを待ちながら、部屋でレシピ案を書く。

保存の効くような……【ショコリエ〝たくあん〟】のように、どこでも気軽につまめるようなもの。

「水分があるから、なかなか持ち帰っていつでもどこでも食べるって難しいのよね」

サンプルを作ろうと出してみた、皿の上の一本の〝たくあん〟を見てボヤく私。

ガーリルオイルにでも漬けてみようかしら。

いや、そんなことしたらまた凄(すさ)まじい匂いになってしまう。

【ロールＤＥスクランブル〝たくあん〟】も店で売り出したところ大人気で、持ち帰りにして家や職場で食べるという人もいるほどだ。

それなら小さく焼けば良いだけだし、一口にすることで女性や子どもにも食べやすくなるだろうし。

現状のメニューを持ち帰り用にするとしたら……混ぜ焼きを一口サイズにしてみる？

持ち帰りできて、食べやすくて、匂いも気にせずどこでも食べてもらえるもの……。

きっと他の料理も、持ち帰って食べたいって人は多いのよね。


「でも混ぜ焼きだけっていうのもねぇ……」

他に何か、コンパクトで食べやすいもの、且つ、たくあんと相性が良さそうなもの……。

何せ匂いが独特なのだ。独特と独特を掛け合わせても強いものにしかならない。

「うまく調和できるもの、か……」

そういえば、東の方の国に【米】という穀物があると聞いたことがある。

その味はほんのりと甘みがあって、臭みもないらしい。

それと合わせたりできないかしら。

〝たくあん〟をその【米】で包んでみたら……。

匂いの気にならない〝たくあん〟料理ができそうな気がする。

うん。

今度クララさんに相談してみよう。

あの人、なぜかいろんなところに顔が利くから【米】もすぐに取り寄せてくれそうな気がする。

よし……‼

くっきりと見えてきたビジョンを【たくあんレシピ集】にまとめて、何か飲んで一息つこうと立ち上がったその時だった——。

バンッ——‼

「リゼー‼　出かけるわよぉ～‼」

野太い声と共に勢いよく扉が開け放たれ、声の主は私の部屋へズカズカと足を踏み入れた。

「もう‼　なんなんですかクララさんいきな……り……」

へ……？

何……、この人。

「何よ。私の顔が何か変だっての？」

「いや……変っていうか……」

声や口調でクララさんだと決めつけていたけれど……違う。

クララさんには無い、ふさふさの黒髪。

黒いサングラスも無く、力強い青の瞳が剥き出しになっているし、口髭もなくツルッツルだ。

シックな紺色のジャケットスーツにはキラキラと輝く小粒の宝石が縫い付けられていて、胸にはいくつもの勲章がぶら下がって、各々主張しあっている。

ワイルド系キラキライケメン……。

「あなた――誰？」

突然現れたキラキラした人物に私は思わず後ずさる。

「ちょっとぉぉぉおお⁉　私よ私‼」

「私⁉　私なんて知り合いいませんよ‼」

「何古典的なボケかましてんのよ‼　私よ‼　クララよぉぉぉおおっっ‼」

は⁉

クララさん⁉

海坊主の如きぬっぺりとしたスキンヘッドは⁉

トレードマークの黒いサングラスは⁉

主張激しめの口髭は⁉

アイデンティティ全部取っ払ってるコレがクララさん⁉

「か……髪……く、口髭……サングラス……」

かろうじて動いた口から溢れた言葉で、言いたいことを悟った自称クララさんの男性は、

「あぁ、そういうことね」

と口にしてから、徐に自身の髪をぐしゃっと掴んだ。

「これでどう？」

ズルッ――。

勢いよく髪を掴んで引くと手と共にずり落ちる髪。

そこから綺麗なツルツルヘッドが顔を出した。

「クララさんの頭‼」

「だから私がクララだっつってんでしょ⁉」

見慣れた見事なスキンヘッドはまごうこと無きクララさんの頭……‼

「ひ……髭は？」

「剃った」

「サングラスは？」

「外した」

「あの黒髪は？」

「つけた」

「……」

何そのカスタマイズ自由な感じ。

「で、でもなんで？　その変装は一体……」

「変装って……。あのねぇ、私、この姿であなたに会うの、実は二度目よ？」

クララさんだと主張する男は再びカツラを装着し、いたずらっぽく笑う。

二度目⁉

いや、全然記憶にない。

外交でお会いした他国の要人は大体記憶しているんだけど……。

まさかクロードさんの時みたいに、余裕のない王妃教育時代に⁉

記憶を辿ると、ふと目の前の自称クララさんと、あるお方の目が重なった。

「‼　……フルティア国王と同じ目‼」

今のフルティア国王と同じ綺麗な深い青色の瞳。そういえばどことなくクロードさんや王太子殿下にも似ている。

「ピンポーン‼　現王の弟なのよ、私。兄上と目元がそっくりだから、普段はサングラス必須なのよねぇ」

……はぁぁぁぁあああっ⁉

か、軽い……。

いや、でもこれだけ似ていれば、確かに間違いなさそうだ。

私はすぐに臣下の礼を取り、深く首を垂れた。

「お、王弟殿下。知らなかったとはいえ、ご無礼をお許しくださいませ」

「さすが王太子の元婚約者で公爵令嬢。綺麗な礼ね。なら、こちらも最初くらいはきちんとさせてもらおうかしら」

そう言うとクララさん、もとい、クラウス殿下は背筋をピッと伸ばし、しっかりとその深い青で私を見つめた。

「王弟、クラウス・ラッセンディル公爵だ。リゼリア嬢、こちらこそ突然の来訪の無礼、お許し願う」

突然の男らしい物言いと、堂々たる態度に、ピリリと空気が張り詰める。

「リゼリア嬢。私と共に王城へ」

そう言ってごく自然に手を差し出し、エスコートの意を示すクララ……クラウス殿下に、私は戸惑いを隠せぬまま「え、でも」とためらう。

刹那(せつな)——。

「いいから来なさいっつってんの!!　んもう!!　グズねっ!!」

ドスの利いたクララ節が炸裂(さくれつ)して、私は半ば強引に部屋から引き摺(ず)り出されるのであった。

あぁ、いつものクララさんだ。

ガタンゴトンと馬車が揺れるけれど、フカフカな座席のお陰で衝撃は吸収され、全く苦ではない。

さすが王家の馬車、といったところか。

「あの……王城にって言ってましたけど、私、こんな格好で王城になんて行っちゃまずいですよね？」

久しぶりの豪華な馬車に緊張しつつ、背筋をしゃんと伸ばし、クララさんへと確認をとる。

今の私の格好は、モスグリーンの、平民が着る一般的なワンピース姿だ。

さすがにこんな格好で王城なんて気が引けるけれど、今の私には貴族が着るような豪華絢爛(けんらん)なドレスなんてとてもじゃないけど買うことはできない。

一体どうするつもりなんだろう。

私の言葉に深く頷(うなず)いて、クララさんは口を開く。

「えぇそうね。その格好で謁見なんてもってのほかよ」

謁見⁉

今さりげなく大変な言葉が聞こえたような……。

「だから私だって髭剃(ひげそ)ってカツラも被って、サングラスだって封印してんだし」

むしろなんでスキンヘッドにしてたの⁉

サングラスは王弟だと知られないようにしているみたいだから仕方ないにしても、その黒髪があるだけで全然印象違うのに。

「あの、クララさん。その格好のままならわざわざ口調変えなくても子ども達も近寄りがたくないんじゃ……？」

わざわざ威圧感のある風貌(ふうぼう)を緩和させるために女性的な口調にならなくても……。

「いいのよこれで。……男としてのクラウスは、王族としての姿以外ではいらないの」

「クララさん……？」

僅かに伏せられた瞳の理由を尋ねる前に、彼はすぐに顔をあげ、再び視線を私に移した。

「ま、服は城にちゃんと用意してあるから心配ないわ。とりあえずざっと説明するわよ。まず、あんたには公爵令嬢として国王に謁見してもらうわ」

「はい!?　痛っ!?」

驚きの声をあげ思わず立ち上がった私は、馬車の天井に思い切り頭をぶつけうずくまる。

「んまぁー!!　鈍臭いわね!!　話はこれからだってのに!!」

「うぅ……すみません」

痛い。

ひどい。

「公爵令嬢に戻ってもらうけど、それはカスタローネ公爵令嬢としてではないわ。私、クラウス・ラッセンディル公爵の養子、リゼリア・ラッセンディル公爵令嬢としてよ」

ラッセンディルは王弟殿下が臣下に降った際、一代限りで与えられた公爵家だ。結婚を拒んだ王弟殿下が、一代限りにするように自ら国王へと願い出たと聞いている。

この話を聞いた時にはまさかその王弟殿下が女性のような口調で喋る海坊主だなんて思ってもいなかった。

「あんた失礼なこと考えてない？」

「あ、いえ、あはは……。でもクララ——クラウス殿下、私はベジタルの……」

「調べたら、ベジタル王国の貴族名鑑からあなたはすでに削除されていたわ」

「っ……‼」

あぁ、うん。まぁ追放だものね。

追放された娘をいつまでも載せておくわけにはいかないものね。

わかっていても、少しだけ胸が苦しくなる。あの人達にとって私は、本当にどうでもいい存在だったんだなぁ。

私が自分の中で思いを巡らせていると、クララさんはポン、と私の頭に大きな手を乗せた。

「ごめん。あんたには酷かもしれない。でも私にとっては好都合だったわ。ベジタル王国に追放され、平民になってこのフルティア王国にたどり着いたあんたを、私が拾って養子にした……。このシナリオでいくわよ」

すごい。

まるで計算していたかのような筋書きに私は口をぽかんと開けたまま思考を停止させる。

「それと、あんたのその〝たくあん〟のスキルだけどね……」

何？

まだ何かあるの？

ドキドキしながら彼の言葉を待つ。

「それ、聖女の力みたいだから、養子でありながらも神殿で保護してるってことにするわね」

よろしく、と付け加えてニッと笑う目の前の美丈夫に、私は数度口をぱくぱくさせてからようやく言葉を紡いだ。

「せ、聖女って？　私は聖女じゃなかったから追放されたんですよ？　なのになぜ……」

そこまで言ってふと以前クロードさんが言っていたことを思い出す。

『多分この〝たくあん〟こそが、【光魔法】の治癒の力を持ってるんじゃないかな？』

あの時は確証がないからそっと胸に留めておこうということになっていたけれど、まさか……。

「心当たりがありそうね？」

私の表情を見て察したクララさんがニヤリと笑う。

「あんたが私のところに来た日の夜、殿下に……クロードに聞いたわ。あんたのこと。その〝たくあん〟のこともね。だからあんたを見守りながら、〝たくあん〟について色々研究してたのよ。神殿長と一緒に」

悪戯っぽく笑って言うクララさんに、私は「神殿長も⁉」と驚きの声をあげる。

いつも優しくてぽやーんとした、穏やかな神殿長の顔が脳裏に浮かぶ。

え、あの人研究とかできるの？

「神殿長のスキルは鑑定よ。それも結構高度な、ね。だから、あんたの〝たくあん〟の力については最初の方でわかってたわ。ま、そんじょそこらの鑑定スキルじゃ、〝たくあん〟が食べ物だってわかっても、〝たくあん〟に秘められた力までは見えなかったでしょうけどね。その力を知った上で、普通に暮らしてもらってたの。あんたにはとりあえず時間が必要だって思ったから」

どうやら私が思っていたよりもずっと、周りに守られて、気を遣ってもらってたみたいだ。

やっぱりここの人達は皆温かいなぁ。

「でも、そうも言ってられなくなった。国際問題に発展する前に手を打ちたいの。あんたを利用するようで悪いけど、私の養子としての登録と共に、聖女として神殿で登録をし、事後報告にはなっちゃうけど国王陛下、王妃殿下、および王太子殿下への謁見と、ベアル殿下へ紹介させてもらいたいと思ってるんだけど、いいかしら？」

いいかしらも何も、もう決定事項のようなものだろう。

それに、これは利用なんかじゃない。だって、まだ王様達に話を通していない上に公表も何もされていないあたり、一応きちんと逃げ道を用意してくれているんだもの。

本当に、温かい人だ。だからこそ、そんなの、どう答えるかなんて決まってる。

「はい。よろしくお願いします、クラウス殿下」

私がしっかりとクララさんの目を見て了承の意を示すと、彼はにっこりと大輪の笑顔の花を咲かせ「ありがとう」と答えた。

「じゃ、今からあんたは私の娘よ!!　ママンとおよびぃぃぃぃぃぃぃっ!!」

「いやぁぁぁぁぁぁぁぁっっっ!!」

馬車の中に私の悲鳴が轟(とどろ)いた。

【Sideクロード】

ベアル殿問題で彼女に協力を仰ぐことになり、父上や母上、兄上、ベアル殿に彼女を紹介することが必要不可欠となった。

平民であれば立場上他国の王子に紹介することは難しいが、聖女としてならば話は別だ。

それに彼女はもともと公爵令嬢。そして口にしたくはないが王太子の元婚約者でもある。

公の場での立ち居振る舞いは教育せずとも完璧(かんぺき)にできる彼女は、他国の王子に会わせるにも問題ない。

問題があるとすれば、リゼさんが可愛(かわい)すぎてベアル殿が見染めたりしないかどうかの不安があるということだ。が、まぁそこは俺が阻止するとして……。

後ろ盾として自分が彼女を養子にすると言い始めたクラウスには驚いた。

彼は王位継承権を放棄することを早々に発表し、結婚も興味がないからと拒み、臣下に降っても自分は神殿で働きたいから爵位はいらないと駄々をこねた変わり者だ。

それでは王家の面目が立たないからと、無理やりに爵位を押し付けられたらしいが、それも一代限りでとクラウスの方から申し出たそうだ。

そして彼は、身分と顔を偽って、神殿の、しかも食堂で働き始めた。

活き活きしているクラウスを見ていると、こっちが本当の彼なのだろうとは思う。

だが好きなことをしながらも、平民の近くで彼らの意見や考えを王に進言する、パイプのような役割をしている。

元々面倒見のいいタイプだったが、ここまでとは……。

よっぽど情が湧いたんだろうな、リゼさんに。

まぁ、無理もない。リゼさんは凛としていながら可愛いし、しっかりとしているようで時々どこか抜けているところがまた庇護欲をそそる。それに加えて、どんなことも前向きに頑張ろうとする女性だ。

もうどれをとっても魅力にしかならないんだから困る。

それに、クラウスだけじゃない。皆が彼女を見守っているのがわかる。

彼女の誰に対しても優しい人柄もあるんだろう。

さすが俺のリゼさんだ。

だが……結婚したらクラウスが義父になるのか……。

……ちょっと嫌だな。

「クラウス・ラッセンディル公爵。リゼリア・ラッセンディル公爵令嬢‼」

名が呼ばれ俺の意識は現実へと引き戻される。

大きな扉が開いて姿を現した淑女に、俺は息を呑んだ。

プラチナブロンドの髪をまとめ上げ、深紅のドレスを身に纏い、背筋を伸ばし堂々とこちらを見据え歩き進む。

美しく誇り高き公爵令嬢が、そこにいた――。

＊＊＊

「クラウス・ラッセンディル公爵。リゼリア・ラッセンディル公爵令嬢‼」

名前が呼ばれ、私は反射的に背筋を伸ばす。

それを横目で見ながらクララさんは「ふふ、いいじゃない。その調子よ。堂々としていなさいな」と笑った。

「はい。お義兄様」

ママンを全力で拒否した私は、長い攻防の末、十二歳しか違わないということから、彼とは兄妹という関係に落ち着いた。届出も、先ほど見届け人の前で控室にて一筆書いて終了したし、これで名実ともに私達は義兄妹だ。

まぁ、今度は「お義姉様とお呼び‼」と迫ってきたのを抑えるのは至難の業だったけれど、彼の一連の言動によって緊張は和らいだのだから、感謝しなくては。

そんなことを思い出しているうちに、目の前の大きな扉が開かれた――。

玉座へと続く赤い絨毯を、私はまっすぐに前を見据えて一歩一歩踏みしめる。

その絨毯の先には国王陛下、王妃様、王太子殿下、王太子妃殿下、そしてクロードさん――クロード殿下が、私達を待ち受けている。

いつも爽やかに微笑む彼の惚けた表情を見て少し緊張がほぐれた私は、彼に向かって微笑んだ。

それに気づいた彼も私に優しく微笑み返してくれる。

ゆっくりと歩みをすすめ、王の前にまで到着した私達は、その場で膝を折り臣下の礼をとる。

「頭を上げ、楽にしなさい」

深く芯に響く威厳のある声。

言われるままに私とクララさんはゆっくりと顔を上げ立ち上がる。

「クラウス。仰々しくてすまないな。今は家族しかいない。いつも通りにしておくれ」

気づけば私達の名を呼んだ家令はすでに下がり、部屋の中は私達だけになっていた。

「えぇ。兄上、お元気そうで何より。こっちは私の義妹になったリゼリアよ」

いきなりフランクな話し方で陛下へと私を紹介するクララさんにギョッと目を見開いて彼を見上げる。

なんて雑な紹介してるの⁉

しかも陛下相手に‼

「あっはは‼　クラウスはいつもこんなだから、気にしなくても良い。久しいな、リゼリア・カスタローネ公爵令嬢。あぁ、今はリゼリア・ラッセンディル公爵令嬢になったのだったな。私を覚えているかね？」

陛下にお会いしたのは、確か十歳の時が最初だ。友好国の王様として、私達の婚約披露パーティーに来てくださった。

控室で聞いたけれど、私がクララさんと初めて会ったのもその時だったらしい。初めて見る他国の王様である陛下にものすごく緊張していたからか、周りのことは全然覚えてなかったけれど。

「はい、陛下。お久しぶりです。もちろん覚えておりますわ。初めてお会いしたのは婚約披露パーティーでした。遠路はるばる来ていただいたのに、このような結果になり申し訳ございません」

せっかく来てもらっておきながら婚約破棄になるなんて、若干気まずい。

「リゼさんそれは――」

「私のことは良い」

謝罪の言葉を発する私に、クロードさんが何か言いかけたけれど、すぐに陛下の言葉がそれを遮った。

「リゼリア嬢、大変な思いをしたな。安心なさい。この国は、あなたを受け入れることを決めている。クラウスの義妹になったのなら私の義妹でもある。あなたは何も悪くない。気にするな」

恐れ多い言葉に恐縮しながらも、胸に温かいものが込み上げる。

あぁ、この国はなんて温かいんだろう。

そんな思いに浸っていると——。

「あんたねぇ……。兄上のことは覚えててなんで私のことは覚えてないのよっ‼」

私の首に腕を回しヘッドロックを決めるクララさん。

「痛い痛いっ‼　仮にも義妹に何ヘッドロックかましてんですか‼」

あまりにも場の空気を読まないクララさんに必死で抵抗すると「ぷっ……‼」と吹き出すような音が聞こえて、続いてすぐに大きな笑い声が木霊(こだま)した。

「あっはっはっはっ‼　面白い‼　クラウスと良いコンビじゃないか‼」

陛下にもクロードさんにもよく似た、黒髪に青い瞳(ひとみ)の男性——王太子殿下だ。

クロードさんと少し違うのは、クロードさんはある程度長さのあるサラサラした髪質だけれど、陛下と彼はそれよりも短く、毛質も硬そうだということ。

きっとクロードさんは王妃様に似たのね。

王太子殿下とは外交で何度もお会いしているけれど、いまだに彼を前にすると緊張してしまう。

「久しいな、リゼリア嬢。あなたのことは弟から聞いていたよ。大変だったな。それと、情けなくも暴走した上行き倒れた弟を拾ってくれてありがとう」

「い、いえ。こちらこそ、ベジタルの件で動いてくださっていると聞きました。本当にありがとうございます、王太子殿下」

相変わらずキリリとした大人の雰囲気を醸し出している王太子殿下に緊張しながらもお礼の言葉を述べる。すると――。

「俺のリゼさんに色目使わないでくださいよ、兄上」

拗ねたように頬を膨らませる小悪魔ことクロードさんの声が、私達の会話に割って入った。

「ふふ。よかったわね、クロード。初恋の君に再会できて」

揶揄うように言うのは王妃様。

黒髪を結い上げ、大人しめの装飾で飾り、ふわりと微笑む美女だ。

あ、この色気。クロードさんはやっぱり王妃様似だ。

「初めまして、リゼリア嬢。クロードがいつもお世話になっています」

優しげな声色で言葉を紡ぐ王妃様に、私はすぐに背筋を伸ばし直すと、深く腰を下げカーテシーをする。

「お初にお目にかかります、王妃様。リゼリア・ラッセンディルと申します。こちらこそ、いつも殿下にはお世話になっております」

隣で「私は⁉　私もお世話してるわよ⁉」と騒いでいるけれど気にしない。

「堅苦しい挨拶はいいぞ。やっとこれの初恋が実りそうなんだ。これほど嬉しいことはない。それに、これから世話にならねばならないのは私達の方だ」

陛下の言葉に申し訳なさそうに眉を下げて頷く王妃様。

いやちょっと待って。初恋が実りそうになってる⁉

もしかして……私、クロードさんに外堀を埋められてる？

「兄上、そろそろ」

痺れを切らしたクララさんが陛下を急かすように声をかける。

「あぁ、そうだな。リゼリア嬢。これは王家からの直接の依頼となる。クロードから聞いていると思うが、一週間ほどここに住み込み、隣国ベアロボスのベアル王子の食事について助けていただきたい」

話を切り出した陛下の濃いブルーの瞳がぎらりと光り私をとらえる。

絶対的な王者の目だ。

私は息を呑み、そして口を開いた。

「詳しく、お聞かせくださいませ」

覚悟はできている。

何より、私がクロードさんやクララさんの役に立ちたい。気にする身分ではなくなった今、私がしたいことは彼らを助けることだ。

「ありがとう。では早速、あなたには一週間ここに住んで、ベアル王子の食事を担当していただきたい。そして一週間後の晩餐会で、ベアル王子が皆と食事を摂れるようにしてもらいたいのだ」

「そのことですが、ベアル王子は人前以外であれば、ある程度はお食事をなさるのでしたよね？」

私が確認するようにクロードさんへと言葉を投げると、

「あぁ、そうだよ」

と彼は短く答えた。

「では一度その料理を見せていただけますか？　何を食べて、何を食べなかったのか、実際に見て、詳細を料理長にお聞きしたいのですが……」

食べないなら食べないなりの理由があるはず。

人前では食べず、一人ならば食べるもの。

そして人前でも一人でも残すもの。

彼が食べないものの共通点。

いろんな状況から考えていかないと、本当に必要なものは得られない。

「ふむ……そうだな。後ほど部屋へ料理長を向かわせよう。クロード、彼女を部屋へ案内してさしあげなさい。あぁ、クラウスは残るように。久しぶりに城下の話を聞かせておくれ」

そう言って陛下は息子――クロードさんに向かってウインクを飛ばした。陛下が全力で私達をくっつけようとしているように見えるのは気のせいかしら……。

「わかりました」

クロードさんが陛下に返事をしてから前に出て、私の方へと右手を差し出す。

「行こう、リゼさん」

「は、はい‼」

微笑ましそうに見守る周りの視線に居た堪れなくなった私は、すぐに彼の手を取ると、彼と揃って謁見の間を後にした。

「——さ、ここだよ」

「……」

与えられた部屋を見て、私は言葉を失った。

だって……こんな——。

こんな素敵な部屋を貸してもらえるなんて‼

パステルイエローの落ち着いた壁紙に、色とりどりの花が生けられた花瓶が至る所に飾られている。装飾はそこまで華美ではないけれど、とても落ち着きがあって上品で、素敵なお部屋だ。

「あの、本当に私がここを使っても？」

あまりにも素敵な部屋に、私はクロードさんに確認をとる。

「あぁもちろん。あなたのために用意させたんだから、使ってもらわないと困る」

苦笑いしながら私をエスコートして、部屋の奥へと進んでいくクロードさん。

わぁ、ベッドも大きいしふかふか‼

こんなベッド久しぶり。まさかまたこんな部屋で暮らす日が来るなんて、夢にも思わなかったわ。

公爵令嬢という肩書きに戻ったのもそうだけれど、人生何が起こるか本当にわからないものだ。

あれ？

なんだろうこの扉。

ベッド近くの壁に扉がついていることに気づいた私は「この扉は？」とクロードさんに尋ねた。

あれかしら。危険な時に入る隠し扉的な？

あ、でもそれならこんな目立つところにあったらダメよね。すぐに見つかっちゃうもの。

ならこれは一体……。

「あぁこれ？　これはね——隣の俺の部屋へと通じる扉だよ」

——はい？

なんて言った？　この人。

隣のクロードさんの部屋に？

いやそれじゃまるで……。

「夫婦の部屋みたいじゃないですか!!」

頬を熱くしながら私が声を上げると、クロードさんは、

「ここは特になんでもない予備の部屋だったたんだけど、リゼさんの部屋に改装するにあたって壁をぶち抜いて扉を作らせたんだ。何かあったら……いや、何もなくてもいつでもおいで。あぁ、なんなら夜這い(よばい)をかけてくれても大丈夫だからね♡」

と、なんてことのないように言い放ちやがった。

ゴホンッ。おっしゃった。

つい動揺のあまりお口が悪くなってしまったわ。

ていうか、人を痴女扱いするのはそろそろやめてくれないかしら……。

なんだか、外堀を埋められるどころか既成事実を作らせようとしてない⁉

私……一週間無事でいられるんだろうか……。


しばらくして料理長が私の部屋を訪ねた。

大きなワゴンにたくさんの料理を載せて。

「わぁすごい‼　とっても美味しそうね」

ソルティエという粗めの塩味料を振りかけて焼いた肉をメインに、茹でた野菜。

いろんな野菜を閉じ込めたキッシュに、オニオーリのスープ。

そしてデザートはショコリエケーキ。

肉のソルティエ焼きはベアロボスの狼系獣人での間ではよくある食事だし、茹で野菜もそう。キッシュや野菜スープも普通に食べられているし、ケーキも食べないとは聞かないし。

一体何がダメなんだろう？

「ベアル王子はこれを全部召し上がったの？」

私が料理長にたずねると、彼は少し困ったように眉を下げてから「いいえ」と首を横に振った。

「王子殿下は肉と野菜のみを召し上がりになり、スープやキッシュ、デザートはそのままの状態で返って来ました。もちろん、皆様と同じ食卓では召し上がることなく、部屋で一人でお食事をされたようで――」

お手上げです、というように深いため息が漏れる料理長に苦笑いしながら、丁寧にメモしていく。

同じ料理を作る人間として、彼の気持ちがよくわかる。

どうにかして食べてもらいたいと工夫を凝らしても食べられないとか、辛すぎる。

それが余計に燃えたりもするけれど、食べられない日が続くとメンタルに響くものね。

「スープやキッシュ、ケーキが苦手とか？ ほら、好き嫌いが激しいとかさ」

クロードさんが考えを述べるけれど、料理長は渋い顔で首を横に振った。

「食べる時もあるのです。なので、嫌いというわけではないようですし……」

嫌いじゃない。だけど残す、か……。

んー、わからない。

もしかして美味しくなかったとか？

私は目の前の料理を一口ずつ切り分け、口に運んで試食してみた。

うん。すっごく美味しいわ。

柔らかくて噛みづらいということもないし。

さすが城の料理ね。

「ベアル様には聞いてみたのですか？」

「あぁ。それとなく国ではどんなものをよく食べているのか聞いてみたが、肉や茹で野菜、スープにキッシュ、ケーキなど……と、まぁベアロボスの料理に寄せて作ったうちのメニューと同じような感じだったな」

え、何そのふんわりとした感じ。全くヒントになりやしない。

これは一度ゆっくりベアル様と話してみたほうがいいのかもしれないわね。

「クロードさん、私、ベアル様とゆっくり話をしてみたいのですが……」

「リゼさん……‼　俺というものがありながら、他の男と……‼」

何の話⁉

悲しげに瞳（ひとみ）を伏せている美形聖騎士に、慌てて弁解する。

「ち、違います‼　やっぱり食を知るにはまずベアル様を知らねばと思うんです。そこで見えてくるものもあるかと」

まさか本人に「気に入りませんか？」なんて聞くわけにはいかないけど、その人の人となりや好み、嫌いなもの、それらを知っていくことで何かが見えてくるかもしれない。

って……これじゃまるで浮気がバレて問い詰められてる人みたいじゃない。

私、浮気なんてしてないんだけど……ていうか、クロードさんとそんな仲になった覚えはない。

「ふふっ、冗談だよ。わかった。元々ベアル殿には紹介するつもりだったし、これから彼に聞いてみるよ。すぐに戻ってくるから良い子にしていてね、リゼさん」

チュッと小さなリップ音をつけて私の頬に軽くキスしてから、彼は一連のやり取りに顔を赤くする料理長を連れて部屋を後にした。

「もう……何なの一体……」

——ベアル様の部屋にお伺いに行ったクロードさんが部屋に帰ってきたのは、それから数分後のことだった。

「これから大丈夫だそうだから、会いに行こう」

クロードさんから放たれた予想外の言葉に、私は身体を硬直させた。

今から⁉

ど、どうしよう‼　まさか今日の今日とは思っていなかったから、心の準備ができていないわ……‼

「あ、あの、この姿で問題はないでしょうか？　一度着替えて……」

「そのままでいいよ。十分可愛いから」

予想以上に早めの訪問で慌てた私に、苦笑いしながらクロードさんが手を差し出す。

「お手をどうぞ、俺の【たくあん聖女様】」

そうか。

聖女という立場として紹介されるのよね。

それらしく振る舞わないと。

私は一度深呼吸をすると、意を決して彼の手に自分の手を重ねた——。


ベアル様の扉の前にはベアロボスから連れてきたであろう獣人の騎士が二人両脇に立って控えていた。

「ベアル殿に、クロードと聖女が来たと伝えてくれ」

彼らに言伝（ことづて）を頼むと、一人が「少しお待ちください」と一言断ってから確認のため部屋へと入っていった。

そしてすぐに出てきた獣人騎士によって「どうぞ」と通されることになった私達。

「失礼する」

クロードさんについてベアル様が滞在している部屋へと足を踏み入れると、窓際でこちらに背を向け、外を眺める銀色のケモ耳の姿が……。

「ベアル殿、早速連れてきたよ。彼女が聖女、リゼリア・ラッセンディル公爵令嬢だ」

クロードさんが声をかけると、びくりと身体を揺らしてベアル様が反応した。

「よく、来てくれました」

ゆっくりと振り返ったベアル様の姿を見て、心の中で驚きの声をあげるも表面ではにっこりと淑女の笑みを浮かべる。

「初めまして、ベアル様。リゼリア・ラッセンディルと申します」

銀色の狼の耳がピクピクと動き、シュッとした顔つきにきりりとした金の瞳。

狼獣人、初めて見た……‼

カッコ可愛い……‼

も……もふもふしたい……‼

心の中でぴょんぴょん飛び回るも、一切顔には出さない。

公爵令嬢モードの時はこれができるのに、何で普段は顔に出てしまうんだろう。不思議だわ。

「は、初めまして、リゼリア嬢。僕はベアル・ベリル・ブレア・ベアロボスです。ベアロボスの第一王子です。聖女に会えるなんて、光栄に思います。……あぁ、よかった。――あ、あなたは僕にとって、良い人間のようです」

おどおどした物言いに逸らされた瞳。

それに、僕にとって良い人間？

何だかとっても引っかかる言い方。

「ベアル殿。実は彼女は普段神殿の食堂で働いているんだ」

クロードさんが言うと、ベアル様が初めてしっかりと私と視線を交わした。

大きくまん丸に開かれた金色の瞳。

そして彼は「しょ、食堂で?」と驚きの声を上げた。

「り、リゼリア嬢、公爵令嬢がそんな、平民に交ざって働いて、大丈夫なんですか? それに、食堂って、切ったり焼いたりするのでしょう? 怪我(けが)などは――」

あ、この人あれだ。完全なるおぼっちゃま系王子だ。

でも、多分これが普通の反応なのだろう。

普通の公爵令嬢はそんなことしないし。

「大丈夫ですよ。それに、皆さんと過ごす日々が――、『美味しかったよ』って言ってくれる笑顔が、私は大好きなんです」

思い浮かべるのは、常連のお客さんやレジィ、アイネ、それにジェイドさんやエレンさんの顔。

そして神殿の皆や孤児院の子ども達。

私が出会ったかけがえのない人達だ。

「……そうか。あなたは、そんな笑顔に囲まれて食事ができるんですね。……羨(うらや)ましいな」

俯(うつむ)き加減(かげん)で発せられたベアル様の呟(つぶや)きに、私は首を傾(かし)げる。

この人、本当は皆と食事したいんじゃないのかしら。なんだかとても、寂しそう。人間が嫌いというわけでもなさそうだし。

「あぁ、すみません。何でもないです。リゼリア嬢、あらためてよろしくお願いしますね」

分厚く毛に覆われた手を差し出すベアル様に「こちらこそよろしくお願いします」と言って私はその手を取り握手を交わす。

少しざらついた硬めの肉球が気持ちいい。

「ベアル殿、リゼさん、近づきすぎ」

ぬっと間に現れるクロードさんに、私は苦笑いしてベアル様から手を放す。

「あぁそうだ、ベアル殿。明日からあなたの食事は彼女が担当する。彼女の聖女の力は料理系でね。ぜひあなたにも体験していただきたいんだ。何か食べたいものがあれば、遠慮なく言ってくれ」

さりげなく料理のことを持ち出すクロードさん。さすがです‼

だけどベアル様の方が一枚上手だった。

「そ、そうなんですね。ありがとうございます。僕は特に……い、今の食事で大丈夫ですから、お気遣いなく」

それとなく食べたいものを聞き出しちゃおう作戦、敢えなく失敗。

手強いわね、ベアル様。

「そうか。じゃあ、紹介も終わったし俺達はそろそろお暇するよ。また晩餐で、ベアル殿」

ごく自然にクロードさんが話を切り上げて、私も合わせてカーテシーをすると、ベアル様が見送る中、二人で部屋を後にした。

その日の晩餐では、一度顔を見せはしたもののすぐに席を立って部屋に帰ってしまったベアル様。

そんな彼に困り顔の王と王妃、そして王太子夫妻。

あぁ、これが毎日続いているのか。

料理長のあの表情も頷ける。

これは大変だぞ、と翌日からの食事に気合を入れ直し、その日を終えた。


——そして翌日、私は朝早くから厨房をお借りして、ベアル様の食事を作っていた。

いつも朝食は、パンとスープ、サラダと果物をお出しししているというけれど、そのうち必ず召し上がるのはパンのみ。

あとは食べたり残したりだ。

本当、ベアル様の身体が心配だわ。

私は昨夜のうちに考えたメニューを慣れた手つきで作っていく。

「あ、あの、やっぱり私どもが作りますので、ラッセンディル公爵令嬢は指示だけして……」

「だめよ。あと少しだから待ってて。大丈夫。料理ならいつもしていることだから」

さっきからこの調子で料理長を筆頭に料理人達がオロオロしながら声をかけてくれる。料理をする公爵令嬢なんていないから当たり前だろうけど、いつもやってることだから、と突っぱね続けた。

「——よし、できた!!」

朝早くから起きて作っていたベアル様の朝食が完成した。

私が作ったのは、パンとオニオーリのスープ、茹で野菜と、それに【ショコリエ〝たくあん〟】だ。

渾身の作である【ショコリエ〝たくあん〟】。

神殿食堂でも大人気のこのお菓子なら、きっと喜んでくれるはず。

そう自信を持ってお出しした――はずだったのに――。


「……ご、ごめんなさい。僕、部屋でいただきます」

やっぱり今朝もダメか。

一口も口にすることなく今日も部屋で食べると言い始めたベアル様に、私も、そして国王夫妻や王太子殿下も肩を落とす。

初日からうまくいくなんて思っていなかったけれどやっぱり応える。

だけど次の瞬間、私は今以上のダメージを受けることになる。

「あと、このデザートは僕に近づけないでいただけますか?」

え……?

近づけ……ないで……?

目と鼻の間をくしゃりと歪めたまま、ベアル様は護衛の騎士達とともに広間を後にした。

近づけないで。

私の一番の自信作である〝たくあん〟料理が……拒否された……。

「あ、あの、リゼさん？」

心配そうにクロードさんが声をかけるも、今の私は返事できるほど心に余裕がない。

「少し、一人で考えさせてください。……失礼します」

断りを入れてから私は席を立つと、落としたくなる肩を無理やりピンと張り、自分の部屋へと帰っていった。


——〝たくあん〟料理を拒否された。

スキル検査のあったあの日、皆に馬鹿にされて、役立たずだと言われて、なんで私はこんな役に立たない臭いだけの食べ物を生み出すスキルなのよって憤りもした。

でも追放された先でようやく、こんなスキルでも皆を元気にできる、役に立つんだって感じて、やっと少しだけ自分の力を好きになれたところだった。

『これを食べると力が湧いてくるよ』

『最近持病が良くなってきたんじゃ。これも〝たくあん〟とリゼのおかげじゃの』

『美味しい料理を作ってくれてありがとう』

そんなたくさんの声に、空っぽだった私は自信をもらった。

そんなところへさっきの出来事。

一瞬にして積み重なった自信が崩れ去っていく。

ボフッ。

私は部屋に戻ると、ベッドへと力なく身体を沈めた。

「何がダメだったんだろ」

呟き(つぶや)が一人の部屋に吸い込まれていく。

どうしたらいいのかわからない。

せめて何がダメなのか、何が良いのか、はっきり言ってくれたら良いのに。

ぐるぐると回る負の感情を胸に、私はベッドに沈んだままそっと目を閉じるのだった。

＊＊＊

――「ワンワン‼　ワンッ‼　ワンワンワンワンッ‼」

元気の良い、深い低音が遠くで聞こえる。

あぁ、懐かしい。

この声、私が公爵家で飼っていた、犬のクロだわ。

クロードさんに良く似た黒い大型犬で、人懐っこくて元気な私の大切な家族だ。

私が小さい頃に馬車で街を通っていると、道の真ん中で倒れていたのだ。それを私が拾って、父と母に無理を言って飼うことになった。

あの頃から私、何かしら生き物を拾っていたのね。

「ハッハッハッ」

と荒い息を吐きながら、黒い塊が私のところまで走ってくる。

サラサラの黒い毛に顔を埋（うず）めると、気持ちよさそうにクロは目を細めた。

ふふ。この表情、本当にクロードさんそっくりだわ。

久しぶりの感触を、頬擦りしながら堪能する。

あぁ、癒される。

王妃教育が辛くて逃げ出したくなった時、よくこうしてクロの背に顔を埋めて慰めてもらっていた。こうしていると、不思議と心が落ち着いてくるから。

誰にも甘えることができなかったあの時、クロは私にとって唯一心を許した存在だった。

でも忘れてはいけない。

これはただの夢。

私の頭は意外と冷静で、そこのところはよくわかっているようだ。

いつまでも甘えて、縋（すが）っていてはいけないのよね。

……本物のクロは、元気かしら――。

あの人達は、クロを大切にしてくれているかしら？

追い出されたりしていないかしら？

ごはんも……毎食ちゃんと食べてるかしら？

そういえば、あの子のごはんってどんなだったかしら？

えーっと……、あぁ確か、犬用のカリカリのフードとか、たまに公爵家の料理人がおやつを手作りしてくれていたわね。

一度、私が調理場からこっそりと取ってきた食べ物をあげたら、珍しく私に向かって吠えて警戒したのよね。

それを見た料理人が言ってたっけ。

『犬は嗅覚が優れているから、自分にとって悪いものや匂いの強いものを察知して拒絶するんです』

――って。

あの時渡したのは確か――。

オニオーリのサラダ。

そしてショコリエの小さな欠片。

もしかして……犬科の狼獣人であるベアル様も――？

そこまで考えて、一気に浮上していく私の思考。

ワンワン‼　ワン‼

遠くなっていくクロの声と姿。

クロ、私、頑張ってみせるからね。

8たくあんは万能です

私は今、城の中庭のガゼボにいる。

緑豊かなこの中庭で、これから昼下がりのお茶会を開くのだ。

あることを思い立った私は、色々と準備をするため、昼食の準備は料理長にお願いし、その間もせっせとこの時のために動き回った。

「リ、リゼリア嬢」

あぁ、いらっしゃったわ。

「来てくださってありがとうございます――ベアル様」

そう。

私がこのお茶会に呼んだのはベアル様。

クロードさんに無理を言って、ここに来るように言ってもらったのだ。

ちなみにクロードさんはお部屋でお留守番。

「リゼさんとベアル殿が二人きりだなんて……‼」

と駄々をこねていたけれど、ベアル様の食事に関する大切なことだから、と説明すると、渋々ながら納得してくれた。

「どうぞ、お座りくださいな」

にっこり笑って目の前の椅子を示すと「は、はい。失礼します」と言ってベアル様はゆっくりと腰を下ろした。

「リ、リゼリア嬢、その、朝は本当に申し訳ありませんでした」

そう言ってさっき腰を下ろしたばかりの椅子から再び立ち上がり、深く頭を下げるベアル様。

ちょっ、何やってんのこの人⁉

これには後ろの護衛二人組もオロオロと慌てた様子だけど、そりゃそうよ。一介の公爵令嬢に、隣国の第一王子が頭を下げているなんて。

前代未聞だわ。

「あ、頭をお上げください‼　ベアル様達狼獣人の特性も考えず料理を作ってしまっていたのです。仕方ありません。さ、お座りください」

「は、はい。ありがとうございます」

ベアル様は再び私の目の前の椅子へと腰を下ろす。

それを見計らって、私は自分の椅子の隣のワゴンからクロッシュを被せた皿を彼の前へと差し出した。

「リゼリア嬢、これは？」

「私が作りました、軽食です。食べていただけませんか？」

クロッシュをそっと開けると、中から出てきたのは三角形の白いものが二つ。

他には何もない。

私はベアル様の様子を細かく観察していく。

驚いたような表情はしていらっしゃるけれど、顔を歪めたり嫌そうな顔はしていないわね。

よし、ここまでは成功よ。

「あの……これは？」

「ふふ、サンドウィッチのように手で食べていただいて構いませんわ。もし気になるようでしたら、フォークでどうぞ」

「い、いいえ。手でいただきます」

ごくりとつばを飲み込む音がして、ベアル様は恐る恐る手でそれを掴むと、大きなお口を開け半分ほどを口にした。

ゆっくり顎を動かしながら咀嚼していくベアル様。

「……美味しい……‼」

「‼」

そしゃくの後に呟かれた言葉に、私の頬も自然と緩んだ。

「これは何？」

「これはおにぎりというものです」

「おにぎり？」

「はい。東の国の食べ物である米で作りました。中には魚の身をほぐして入れておりますわ」

城へ来る前にクララさんに相談していた、【米】という東の国の食べ物。なんとそれをいろんなルートを駆使して、早速クララさんが用意してくれたのだ。

まさか昨日の今日でタイミングよく持ってきてくれるなんて思わなかったけれど。

中身は、一つはベアロボスの狼獣人が好む、焼き魚をほぐしたものを用意し、敢えてそれを取りやすい皿の手前に置いておいた。

問題はもう一つの方。

ベアル様は一つ目をぺろりとたいらげ、二つ目を疑いもなく口の中へと入れる。

「ん？　これは？」

不思議そうな表情でたずねるベアル様。

よし、気づかなかった……‼

「これは、朝ベアル様が近づけるなと申しましたものを、ショコリエをかけずに刻んだものです。〝たくあん〟という食べ物で、私の聖女としてのスキルですわ」

「聖女としての……いやでも、朝のような匂いはしませんでした」

あぁ、やっぱり。

「匂いが強いものは苦手なのですね？」

私が探るような視線を向けると、ベアル様は「うぐ……」と唸ってから、こくん、と頷いた。

「それに、ショコリエやオニオーリは、犬にとっては危険な食べ物。犬科である狼獣人のベアル様も、例には漏れない。あなたが遠ざけたのは強い匂いと、食べてはいけない食べ物から身を守るため——でしょう？」

それ故に【ショコリエ〝たくあん〟】は、人間からはとても美味しくて人気のある食べ物だけれど、彼ら狼獣人にとっては最悪の、ただの毒でしかなかった。

「ッ、え、ええ、その通りです……。だから僕は、無礼を承知であんな……。もともと口下手なもので、余計にあなたにひどい言い方をしてしまいました……」

しゅん、と耳を垂らしながら言うベアル様と、愛犬クロの顔が重なって、なんだか抱きしめてわしゃわしゃしてしまいたいような気持ちに襲われる。

だめよリゼ。

いくら温厚そうなベアル様でも、それは流石に不敬だわ……!!

「も、もうお気になさらずに。獣人族は鼻がいいということを失念していた私も悪かったのです」

ベアル様をもふもふしたいという自分の欲求と闘いながら私が言うと、ベアル様は少しだけ目を細めた。

「ありがとうございます。でもなんでこれは平気なんでしょう。かすかに独特な匂いは残るけど鼻が曲がりそうなほどではない」

そ、そんなに酷く感じてたんだ。

なんだか申し訳ない。

「この【米】で包み込み握ることで、【米】が匂いを吸収し和らげてくれるのですよ」

【米】というものはだいたいどんなものとも調和する食材らしい。だから包み込むことによって匂いを吸収し閉じ込めたのだ。

うまくいく保証はなかったけどなんとかなってよかった……!!

「これなら食べられる。ありがとうございます、リゼリア嬢」

ふわりと微笑(ほほえ)んでから、残りの半分のおにぎりを口に入れ、もぐもぐと幸せそうに咀嚼するベアル様を見て、私も幸せに頬を緩ませるのだった。

「美味しかったです、リゼリア嬢。ありがとうございました」

「どういたしまして。――でも、何で言い出さなかったんですか？　ホストでありながらゲストの食べてはいけないものを知らずにいたこちらに非はありますが、言ってくだされればすぐに料理を代えましたのに」

わざわざ数少ない食べられるものだけ食べなくても、言って代えてもらったら我慢などしなくて済んだものを。

ベジタル王国の貴族なんて、気に入らなければすぐに取り替えさせるような我儘(わがまま)な人間も多いのに。この人は王族であってもそれをしない。

「ぼ、僕は、あまり話すのが得意じゃなくて……僕なんかが意見を言うなんて、申し訳ないですし……」

卑屈か‼

口下手なのもあるけど、自己肯定感が低すぎるんじゃないの、この方。

「あの、僕なんか、って、第一王子ですよね？　ベアル様」

「は、はい。でも僕は落ちこぼれだから……」

自信なさそうにまた耳をぺこんと垂らし視線を逸らすベアル様。

「落ちこぼれ？」

「はい。……僕は昔から、すごく勉強ができたんです。皆、『天才だ』『さすが第一王子だ』ともて囃しました。だから僕は、皆に喜んでもらいたくて、皆に褒めてもらいたくて、もっと頑張った。でも……三つ下の弟は僕なんかよりもすごかった。……リゼリア嬢、あなたは、獣人族の本能を知っていますか？」

本能？

私は王妃教育で習ったはずの記憶を必死に手繰り寄せる。

「確か、狩猟本能があるとは……」

「ええ。それも一つ。僕達獣人は強い者を王として認めるという本能があるんです。弟は武術に長けていました。口下手でコミュニケーション能力のない僕よりも、武術の才に溢れ、社交的で明るい弟の方へと、自ずと人は集まっていった。そうすると今度は、次期国王は僕よりも弟の方がいいんじゃないかって言う人まで現れて……。父は僕を王にと考えています。だけど……落ちこぼれの僕には、それだけの強さがない」

なるほど。劣等感を感じて打ちのめされている、ということか。

私にも覚えがある。

妹がいるから。

双子の妹のアメリアみたいに、にっこり笑って愛嬌を振りまいて、皆に愛される人になれたら……。そう何度も考えたことがある。

あの日、妹とラズロフ様が通じてるって知った時も、やっぱり愛嬌のある妹を選ぶんだ、と思ったし、そのことに打ちのめされた自分もいる。

もちろん、今はあんな男くれてやるってくらいには吹っ切れてるけれど。

私を、ちゃんと見てくれる人達がそばにいるから。

「――ベアル様。強さとはなんでしょうか?」

「え?」

「武力ですか? 知力ですか? それとも社交力? 統制力かしら?」

私の問いかけに難しい顔をして唸りをあげるベアル様。

「――私は、そのどれもが【優劣のない強さ】であると考えております。ベアル様が言えなかったのは、申し訳ないと思ったから、ですよね。人を気遣う心のあるベアル様を、弱いだなんて思いません。優しさも、その【優劣のない強さ】の一つですわ。それにそこの護衛騎士達も――」

私はベアル様を後方から見守る騎士達に視線をやる。

ベアル様は王子でありながら、連れてきた護衛騎士が異様に少ない。話の感じから、彼らはベアル様についてきてくれた貴重な人達ということになる。

ベアル様を守るためにこの国に来てくれた、ベアル様自身の味方。

「彼らがここについてきてくれたのは嫌々ではないように思えます。きっと、ベアル様を慕ってらっしゃるのでしょうね」

「彼らは……僕の幼馴染(おさななじみ)ですから……」

「あら、ならなおさら大切になさって。きっと、ベアル様の良いところも悪いところも、よくわかっていてついてきてくれる方達ですから。……ベアル様、全員から良く思われずとも良いのです。誰かが信じついてきてくれればそれで。大勢の人よりもまず、自分を見守ってくれる人達を信じ、大切にしていれば、自然とあなたをきちんと見てくれる人も増えるでしょう」

私にとってのフルティア王国の皆のように。

見守ってくれる人達を信じて、彼らに誇れる自分でいたいと思う。

私の言葉にしばらくベアル様は俯(うつむ)き、じっとテーブルの空の皿を見つめてから、やがて「ふぅ……」と小さく息を吐いた。

「リゼリア嬢、ありがとうございます。あなたにここで出会えて、僕は幸せです。すぐにはできないかもしれませんが少しずつ僕も変わっていきたい。僕を信じ、付き従ってくれる人達のためにも」

そこにもう、おどおどとした彼はいない。

狼のごとく鋭い光の宿った瞳が、力強く輝いていた。

——ベアル様の晩餐は、ほぐした魚のおにぎり三つと〝たくあん〟おにぎり三つ、そしてシンプルな味付けで焼いた肉に、茹で野菜にカボンのスープ。

ベリーを使ったケーキを添える。

どれも匂いを抑えて、狼獣人でも食べられる食材を使った料理だ。

晩餐の席にやってきたベアル様はそれらの料理を見るなり「わぁ、お、美味しそうです‼」と目を輝かせた。

ベアル様の汚れなき笑顔が眩しい……‼

そして尻尾が微妙にふりふり揺れてるのがもうたまらない……‼

あぁ……もふもふしたい……。

クロが恋しい……。

ベアル様、もふもふさせてくれないかしら……？

そんな私を、クロードさんが横目でじっとりと見る。

「リゼさん？　俺以外に欲情しないでね？」

「なっ!?　人聞きの悪いこと言わないでください‼　私はただ、ベアル様に喜んでもらえて嬉(うれ)しいだけで……‼」

どうしてこうも人を痴女に仕立て上げようとするんだ、この人は。

しかも欲情とかしてないし。ちょ、ちょっともふもふしたいなぁとか考えただけじゃないか、失敬な。

「はっはっは。愛されておるな、リゼリア嬢。だが、クロードが鬱陶(うっとう)しかったら殴っていいぞ」

豪快に笑いながら、国王陛下が揶揄(からか)う。

いやそれは流石の私でもできない。

曲がりなりにもこの人第二王子殿下だし。

それにこんな美形殴ったら世の女性達からどんな目にあわされるか……。

「は、はは、本当に鬱陶しかったら、考えさせていただきます」

当たり障りなく苦笑いしながら答える。

国王陛下も、他の皆様も、ベアル様の反応に嬉しそうに笑みをこぼしている。

あの、料理を一目見るなりすぐに部屋に戻ってしまっていたベアル様が、料理を見て嬉しそうに笑ったのだ。顔が綻(ほころ)びもする。

けれどそんな幸せで浮かれた気持ちは、そのあとすぐに鎮静することとなった。

「……あの……だけど僕、これ、部屋でいただきますね。失礼します」

それだけ言って、ベアル様は護衛達を引き連れ広間から出ていった。

「――へ？」

私もクロードさんも、そして国王夫妻王太子夫妻も、呆然として彼が出ていった扉の方を見る。

「え……美味しそう、って言ってたよね、今」

「は、はい。確かに……」

なのになぜ？

まだここでは食べられない理由があるっていうの？

匂いも、食べてはいけない食材も気をつけたのに……。

俯きそうになる私の肩に、そっと大きな手が触れた。

「――クロードさん……」

「大丈夫だよ、リゼさん。一つひとつ考えていこう。俺も一緒に考えるからさ」

「はい……そうですね」

優しく微笑むクロードさんに力なく返事をして、私は自分の食事に向き合った。

美味しいはずの料理長の料理なのに、新たな問題と謎によって私はなんの味も感じることができなかった。

そしてその後、ベアル様からきれいに全て完食された皿が返却された。

【美味しかったです、ありがとう】

という、短いメッセージカードとともに――。

料理が綺麗に完食されていたっていうことは、きっと料理の問題ではない。

加えて、律儀に添えられたあのメッセージカード。気に入らなかったのなら、あんなカードをわざわざ空の食器と一緒に返したりはしない。

――だとしたら何で？

私は一人夜の中庭を散歩しながら考えを巡らせている。

夜風が心地いい温度で優しく吹き、庭園の木の葉を揺らす。所々に咲いた小さな黄色い花も一緒に仲良く揺れ、月明かりに照らされとても美しい光景が広がっている。

そういえば、ベジタル王国の城の中庭とは全く正反対ね。

あちらは至る所に花を飾って、むせ返るようなローゼリアの香りで満ちているけれど、このフルティア王国の城の庭はいたってシンプル。

緑豊かな木や観葉植物がメインで、花といえばこの小さく地味だけど愛らしい小花だけ。香りも主張しないからか、木々の香りを存分に感じられる。

「ふふ。私はこっちの庭の方が断然好きだわ」

「あらまぁ、嬉しいわ」

私の独り言に、ふんわりとした女性の声が応えた。

「⁉」

振り返ればそこには穏やかに微笑む王妃様の姿が……。

「お、王妃様⁉　こんな夜にお一人で……？」

いくら城内とはいえ、危険じゃない⁉

「大丈夫よ。少し離れたところに騎士がついているわ。それに……私、強いのよ」

そう言ってグッと拳(こぶし)を握り、力こぶを見せつけるようにするお茶目な王妃様に、私は何と返していいか分からずオロオロとするばかり。

「ねぇリゼちゃん。あ、リゼちゃんって呼ばせてね。私と少しだけお茶をしましょう」

そう言った彼女の視線の先、すぐそこのガゼボへと私も視線をやると、侍女数名が既にお茶の準備をすすめているのが見える。

「あ、はい、喜んで」

私は誘われるままに、王妃様とガゼボの方へと足を進めた。

「ねぇリゼちゃん。クロード、大変じゃない？」

「え？」

ガゼボに着くなり切り出されたのは、クロードさんのことだった。

「あの子、十三歳の時にベジタルについて行ってあなたを見て以来、ずっとリゼリア嬢と婚約したいってうるさくてね。でも、リゼちゃんは婚約してるのよって教えたら、あの子しばらく寝込んじゃったのよ」

え……。私が婚約してるって言っただけで寝込むって……。

いや今のクロードさんを見てるとなんとなく想像はできる。

「一応第二王子だしと思って婚約者候補を出すも、全部突っぱねられ……。挙げ句の果てには『これ以上婚約者候補を薦めてくるなら死んでやるー』って剣まで持ち出して……。それで私達も諦(あきら)めてたの」

なんて暴挙だ。

「だから、婚約破棄されたあなたを迎えに行って情けなくも行き倒れたのを、他ならぬあなたに拾われたって聞いて、少し運命を感じたの。それからクロード、毎日楽しそうだしね。きっとあなたとの日々が、あの子に『楽しい』を与えてくれているのね。ありがとう、リゼちゃん。婚約破棄されてくれて」

そこを感謝されても複雑だけれど……。

でもきっと、感謝するなら私の方だ。

「王妃様、感謝するのは私の方ですわ」

私は妙に穏やかな気持ちで言葉を続ける。

「クロードさんに助けられたのは、私の方です。一人で追放されたところを、クロードさんを拾ったおかげで寂しくも心細くもなかった。神殿食堂という居場所までくれて、ずっと毎日見守ってくれた。だから私、これでも感謝しているんです、クロードさんに」

多少暴走することはあるけれど、彼との時間は嫌ではないし、むしろ幸せだと思う。

それがどんな感情を意味するのか、恋やら愛やらそういうものなのか、それとも大変な時に出会って親切にしてもらったから懐いただけなのかはわからないけれど、彼と一緒にいるのはなぜだか落ち着く。

それを聞いて王妃様は安心したように肩の力を抜き「ありがとう」と小さく礼を言った。

「……そう。ありがとう、リゼちゃん。あぁでも、本当に鬱陶しかったら遠慮なくやっちゃってね？」

言いながらファイティングポーズを取る王妃様。

可愛(かわい)らしい。

にしても、殴っても良いと王様と王妃様から公認されるクロードさんって一体……。

「そ、そういえば、ここの中庭は緑が多いのですね」

私は無理やり話を逸らす。

「ええ。ベジタルとは全然違うでしょう？　実は私、匂いが強い花が苦手で、木や観葉植物をメインに、なるべく強い匂いのしないこの小さな花を植えてもらっているのよ。だから香水の類(たぐい)もダメで……。貴族女性の嗜(たしな)みでもあるんだけどねぇ。そういえばリゼちゃんも香水は使っていないのよね？」

「はい。匂いが混ざり合うと気持ち悪くなりますし、料理をするようになってからは特に食材や調味料の匂いがわからなくなるので、つけていないんで――」

そこまで言って、私の脳内に光が走った。

匂いがダメ。

人前では食べられない。

料理の匂いを抑えても無理。

でも一人なら全部食べることができた。

もしかして……。

「王妃様、王太子妃様って……香水、つけてらっしゃいましたっけ？」

「え？　ええ。確かつけていたはずよ。甘い花のような香りをつけていたわね」

「‼」

それだ――‼

王妃様と別れた私は、すぐさまその足で私が与えられた部屋を通り越して、クロードさんの部屋へと向かった。

コンコンコン――。「リゼです。クロードさ――」

言い終わる前にバンッ‼　と勢いよくドアが開かれ、中から少し髪を乱したラフな格好のクロードさんが飛び出してきた。

「ひゃあっ‼　び、びっくりしました……」

「ご、ごめん、リゼさん。あの、どうしたの？　こんな夜遅くに」

動揺しながらも言葉を放つクロードさん。

「少し、相談があって……」

やっぱりこんな時間に不躾だったかしら。

クロードさん、日中は聖騎士の仕事で忙しいし、疲れてるだろうし――。

「あ、あの、やっぱり明日で……」

そう言って今日は部屋に帰ろうとする私を「ちょ、待って‼」と言いながら私の手を取り、呼び止めるクロードさん。

「あー……っと……、こんなところじゃなんだし、入って。話、聞くから」

そう言って迎えにきてくれたクロードさんの厚意に甘えて、私は彼の部屋へと足を進めた。

広い室内の奥にあるベッドは少し乱れていて、今まさに眠ろうとしていたことが窺えて、申し訳ない気持ちになる。

「ごめんなさい。寝るところでしたよね」

「大丈夫だよ。俺にとって、リゼさんより大事なものはないんだから。睡眠なんて取らなくても生きていける」

爽やかに微笑むクロードさんがソファへと私をエスコートして、二人隣り合わせで腰を下ろした。

「で、話って？」

「あ、はい。実はベアル様のことで」

私がベアル様の名前を口にだすと、クロードさんは明らかに眉を顰めて「あぁ、それか」とこぼした。

「王太子妃様にご協力いただきたいことがあるのです」

「ん？　義姉上に？　何をだい？」

「実はですね、お出しするごはんについては大丈夫だったのに皆様と食事を摂らなかったのは、貴族女性の嗜みである香水のせいかもしれないんです」

わかったことを早く話さねばと私が彼に詰め寄るように顔を近づけると、すぐ近くからごくりと喉が鳴る音が響いた。

「え……えっと、香水の匂いもダメだから、一緒には食べない、と？」

何故か視線を逸らし気味にクロードさんが言って、私は大きく頷いた。

「香水の匂いと料理の匂いが混ざって、私達ではそこまで気にならなくとも、嗅覚に優れた狼獣人のベアル様にとってはきっと気になるものだと思うんです。だから、王太子妃様に三日間、実験の協力をしていただきたいんです」

「実験？」

「はい。まず、明日は香水をつけずに一日食事をとってもらい、そこでベアル様の反応を見ます。そしてもし彼が食事を共にしたら、香水が原因である可能性は濃くなりますよね？　なので、確証素材を集めるためにも、もう一つの状況も見てみます。次の日はいつも通り香水をつけて一日食事をとってもらいます。ここでも同じように反応を見て、もしダメならさらにその線は濃厚になります。そして三日目、再び香水を無しにしてもらって、検証結果としたいんです」

私が説明すると、クロードさんは感心したように「なるほど……」と呟いて「早速兄上に言ってくる。ちょっとここで待ってて」と言って、部屋から出て行った。

「え!?　ちょ、ちょっと!?」

一人、クロードさんの部屋に残された私。

淡いブラウンを基調にした落ち着いた部屋。ベッドサイドに私の写真が飾られているのを除けば、とても落ち着く空間だわ。……いつ撮ったのかしら。

考えるのはやめて見なかったことにしましょう。

しばらくしてクロードさんは「兄上と義姉上にお願いしてきたよ」と言いながら、部屋へと帰ってきた。

「ありがとうございます。こんな夜更けに、すみません」

「良いんだよ。一刻も早い方がいいからね」

そう言いながら私の隣へと再び腰を下ろすクロードさん。

「でもリゼさん、ベアル殿に直接聞いた方が早くなかった？」

周りくどく観察しなくても、と続けるクロードさんに私は苦笑いを浮かべて答えた。

「そうなんですけどね。多分、もし本当に私の仮説が正しければ、あの方、『そうだ』とは言わないと思うんです。気が少し弱くて言えないのもあるのかもしれませんが、昨日の感じだと『言ったら傷つくかもしれない、迷惑をかけるかもしれない』とお思いになりそうで……。慣れない地であまりご負担をおかけしたくなかったんです」

ただでさえ少ない護衛をつれて、慣れない土地へと来ているのだ。

少しばかり配慮することも大切だと思う。

「あの方は、とても優しい方ですから」

そう続けると、クロードさんの表情が変わった。

さっきまでの穏やかで爽やかなキラキラとしたものではなく、真顔でどこか無機質なものに――。

「……そんなにベアル殿が気に入ったの？」

低く囁(ささや)かれた言葉に反応する前に、私の視界はぐるりと宙を舞い、ぽすん――とソファへと沈み込んだ。

クロードさんに押し倒されている、とすぐには頭が理解しきれないほどに、一瞬完全に思考が停止していた。

「っ……‼　く、クロードさん⁉　何を――」

「こんな夜更けに訪問する意味、わかってる？」

「そ、それは申し訳ありませんでしたが、大事な相談があって……‼」

「じゃぁベアル殿のところにも、一人夜遅くに行ったりするの？」

苦しげに問われた言葉に私は考える。

ベアル様のところに？

いやいや、ないわ。

ベアル様に会うのは、クロードさんに話を通してもらってからと決めている。

婚約者でもない方と二人で会うのは、誤解を招きやすいからだ。

あまり人に聞かせたくない話は二人でするけれど護衛は必ずつく。

絶対に夜は避けるし、クロードさんへと報告する。

それはなぜ？

それは――……。

あぁそうか。

誤解されたくないんだ。

私が。

クロードさんに。

でもそれは一体——何でなんだろう。

そこまで考えて、私は未だ私を組み敷き、上から見下ろす端整な顔を真っ直（す）ぐに見つめた。

少し恥ずかしくて熱が顔に集中するけれど、私はきちんと伝えなければならない。

「それは……あり得ませんよ」

ゆっくりと紡ぎ出した言葉に、クロードさんがピクリと反応する。

「私が、夜でもお顔を見たい、頼りたい、話がしたいと思うのは——クロードさんだけ、ですから。あなたにだけはなぜか誤解されたくないので、軽率なことはしま——ひゃあっ!?」

羞恥（しゅうち）に耐えながらやっとのことで紡ぎ出した言葉を遮って上から降ってきたクロードさんによって、私はすっぽりとそのまま彼に抱きしめられた。

ほんのり爽やかな柑橘（かんきつ）の香りが鼻腔（びこう）をくすぐる。

恥ずかしいのに落ち着く香り。

「俺……、それ、期待してもいい？」

掠（かす）れたような余裕のない声が、耳のすぐ近くで聞こえ私の熱も再び上昇する。

「は、はい!?　期待って……!!」

煙でも出そうなほど熱を感じながら声を上げれば、さらに強く抱きしめられた。

「……あー……俺、もつかな……」

何が!?

もってくださいクロードさん‼

「あ、あの、ちょっと待ってくださいっ」

強く硬い胸板を押し返して私が声をあげる。

「私、正直まだ、はっきりした気持ちがわかりません。クロードさんに見合うだけのことができていなくて、自分があなたと並び立つ想像もできていません。だから……。この問題が解決するまで、待ってください。胸を張って、あなたの隣に立てるようになったら、自分の気持ちにまっすぐに向き合わせてください」

この気持ちが何なのか、答えを出せるのは今じゃない。

今の、何でもしてもらって導いてもらってばかりの私ではいけなくて、クロードさんと並んでもしっかりと認めてもらえるような人間になってから、真剣に向き合って、答えを聞いてもらいたい。

「その――それまで、待っててもらえますか？」

遅い、って言われたらどうしよう。

待てないって言われたら？

愛想を尽かされたら？

不安な気持ちがよぎるけれどすぐにそんな不安は一蹴(いっしゅう)された。

「俺のリゼさんがカッコ良くてつらい……‼」

ボソリと自身の顔を片手で覆いながらそう言ったクロードさんは、ゆっくりと私の手を引いて抱き起こしてくれた。

そして再び、今度はとても優しく私を抱きしめた。

「何年待ってると思ってんの？　あと数日ぐらい、余裕だよ。待ってるね、リゼさん」

穏やかなその声に、優しいその言葉に、私は心から安心して、そのまま彼の胸にぴっとりと顔を寄せてから「はい」と答えた。

「っ………余裕、ぶっ壊れそう」

呟かれた言葉は聞こえなかったことにしよう。

翌朝早くにベアル様の食事の支度をして、一度部屋に戻って身支度を整えてから部屋を出る。偶然にもクロードさんと鉢合わせし、一緒に広間へと向かった私達。

広間にはすでに王太子殿下と王太子妃様が揃って（そろ）いた。そしてすぐに、いつも漂っている花のような強い香りがないことに気付く。

王太子妃様、早速香水使わないでいてくれたんだ。

「王太子様、王太子妃様、昨夜は夜遅くに申し訳ありませんでした。王太子妃様、ご協力ありがとうございます」

「義姉上、俺からも。本当にありがとうございます」

私とクロードさんが昨夜の非礼を詫（わ）び協力に対して礼を言うと、チラリと王太子妃様はこちらを見てから「良いのよ、気になさらないで」とだけ返し、無表情で椅子へと腰を下ろした。

――【氷の王太子妃】レイラ様。

長身に切れ長の目、無口な彼女のその通り名はベジタル王国でも有名だった。凛(りん)としていて、とてもかっこいい方だけど、どこか近寄り難い。

「レイラ、ちゃんと言葉を使わないと、大好きなリゼリア嬢にも誤解されてしまうぞ？」

ん？

なんて？

大好きなリゼリア？

誰が？

私が理解に苦しんでいると、王太子殿下が楽しそうに口を開いた。

「リゼリア嬢、レイラは君のことが大好きなんだ。一年前の私達の結婚パーティーの際に、レイラは初めて君に会って、君はあの時丁寧な手紙までくれただろう？　それからはもう君の大ファンさ。婚約破棄の件も、バカ王太子を仕留めに行こうとするくらい怒り狂ってたからな。まぁ、私が彼女を止めている間に、もう一人の猛犬が出て行ってしまったけれど……」

と王太子殿下はいい笑顔でクロードさんを見て、クロードさんは気まずげに自身の兄から視線を逸らした。

あぁ……そのもう一人の猛犬か。

王太子殿下と王太子妃様がご結婚されたのは一年ほど前。

その時ラズロフ様の婚約者として結婚パーティーに出席した私は、同じように公爵家から王太子に嫁ぐ身として、レイラ様へのお祝いのプレゼントに手紙を添えたのだ。確かあの時は「ありがとう」と無表情で礼を述べられただけで、気に入られた雰囲気でもなかったのに。

「彼女は極度の人見知りとあがり症でな。公の場ではこの表情を崩すことなく【氷の王太子妃】キャラと化しているけれど、本当は情に厚くて、とても優しい人だから、仲良くしてあげてくれ」

極度の人見知りとあがり症……。

人間族版のベアル様⁉

しかも【氷の王太子妃】はあえてそのままにしたキャラ……だと……⁉

なんて美味しいキャラなんだ、王太子妃様。

「王太子妃様、あらためて、よろしくお願いします」

私が微笑むと、彼女は頬を赤くしてから「レイラでいいわ。よろしくね、リゼ」と小さく返してくれた。

え、なにこれ可愛い。

「はは。話がまとまったようで何よりだ」

私達が話している間にも、王様と王妃様が広間にそろって私達を微笑ましそうに見つめていた。

その後すぐに扉が開かれ、最後の一人――ベアル様が入室する。

「お、おはよう、ございます」

おどおどしながらも朝の挨拶（あいさつ）をするベアル様に、もふもふしたい欲を刺激されつつ「おはようございます」と笑顔で返す。

そして彼は黒い鼻をピクピクと動かしてから、いつもならこの後すぐに「部屋で食べますね」と言って挨拶のみで出て行ってしまうのに、今日は何も言うことなく着席した。

「‼」

座った‼

私はその驚きと喜びに、隣のクロードさんと無言で顔を見合わせる。

この日の朝食も昼食も、そして夕食も。

ここにきて初めてベアル様は皆と一緒に食事を摂（と）り、完食することができたのだった。

初日は成功したものの、二日目、レイラ様が香水をつけた日は、やっぱりベアル様は部屋で食事を摂った。申し訳なさそうに広間を去るベアル様を見るのはとても心苦しかったけれど、あと一日で確信を持つことができる。

そして私はドキドキしながらも三日目を迎えた。

ベアル様の食事を作って着替え終わり、緊張しすぎてつい少し早く広間に来てしまったけれど、広間ではすでにレイラ様が一人窓辺で風を感じていた。

「あぁ、おはよう、リゼ」

私に気づいたレイラ様がいつもの無表情で挨拶をしてくれる。

「おはようございます、レイラ様」

無表情で淡々としたレイラ様にどう接していいか今までわからずにいたけれど、この方のことがわかってからは話をするのがとても楽しみになっている自分がいる。

あれ？

何だろう、少し顔色が悪い？

「レイラ様、体調でもお悪いのですか？」

いつも白い肌をされているけれど、今日は一層白い……。

というか、青白い気がする。

「え？　いいえ、大丈夫よ。少し胸焼けがね」

「そうですか？　何かあったら、すぐに言ってくださいね」

「ええ、ありがとう」

青白い顔をしてコクリと頷(うなず)くレイラ様を心配に思いながら、私は自分の席についた。

話している間に王太子殿下、クロードさん、王様、王妃様が広間へと入室し、席に座っていく。

そして最後にベアル様も広間へと現れた。

私もクロードさんも、もちろん王様方も、ごくりと喉(のど)を鳴らしベアル様の動向を見守る。

「おはようございます」

ベアル様は穏やかな笑顔を向け挨拶すると、さっと自分の椅子へと腰を下ろした。

「‼」

座った――‼

私は思わず隣のクロードさんへと視線を向けると、彼もにっこりと笑って私に応えてくれた。

食事の間もベアル様はご機嫌だった。

「この〝たくあん〟は、匂いは凄まじいですがとても美味しいですし、何だか元気が出ますね。さすが聖女の錬成した食べ物です」

大きなお口の端っこをくいっとあげて、〝たくあん〟入りおにぎりを召し上がるベアル様。

「本当に。これで塩分が気にならなければ毎日一本丸々でも食べたいのだがな」

と王様が豪快に笑う。

そうなのよね。そこが気になってるのよ。

神殿食堂の常連のお客さんの中には一本丸々を求める人も多い。

そんな時は少し小さめの〝たくあん〟を錬成してお出ししているけれど、やっぱり塩分は気になる。

「あぁ、そのことですが父上」

クロードさんが思い出したように口を開く。

「神殿長から昨日報告があり、リゼさんが錬成したたくあんを鑑定したところ、塩分濃度が一本あたり〇・五g未満しかないということが判明した、と」

へ？

結構塩みの利いた味なのに一本塩分量が〇・五g未満⁉

「怪我(けが)も病気も治って元気にしてくれて、塩分量も少ないだなんて……最高じゃないか、リゼリア嬢」

驚きながらも頬を緩ませる王太子殿下。

本当、びっくりだわ。

役立たずなんて言ったらバチが当たるわね。

ラズロフ、ざまぁ。

心の中で令嬢らしからぬ言葉を吐いてから、私はベアル様に笑顔を向ける。

「もしベアル様の国で疫病や怪我人で大変になることがありましたら、すぐに呼んでくださいね。私、すぐに駆けつけますから」

「え、いいんですか？　あなたはこの国の聖女なのに――」

驚いたようにベアル様は目を丸くして私を見やった。

「ベアル様。ベアル様はこの国へは外交でいらしたのですよね？」

「え、えぇ……」

「私は、外交とは、国と国の繋がりはもちろん、人と人との心の繋がりを強くすることだと思っております。自国であろうと、他国であろうと、一度繋がりを持った人の危機にはできる限りのことをする。私は、そうありたいと思って生きてきました」

そう言った私をじっと見つめてから、穏やかにベアル様は笑った。

「ありがとう、リゼリア嬢。僕も、この国が危険な時、そして、あなたが大変な時には、必ず助けに行きます」

「‼　はい……‼」

私達はこの日、三食全てにおいて、これまでにないほどに皆で食事を楽しんだのだった。


――いよいよ明日に迫った晩餐会。

原因がわかったところでこれで終わりではない。これから招待客にお願いの書状を認めないといけないし、会場の花の飾り付けも予定していたものとは別のものにしていかなければならない。

【香水禁止、強い匂い禁止】

これは招待客だけでなく、給仕の料理人や侍従、メイド達にも言い渡された。招待客へのお願いの書状は王妃様が朝からせっせと書いて使いをやって届けさせ、料理長や料理人達、給仕の侍従やメイド達への周知は王様直々に行った。

そして今、私とレイラ様で大広間の飾り付けの指示をしている。

なるべく匂いの薄い花を選んで、飾る場所を侍従やメイド達に指示していく。

「これで大体やることも終わったかしらね。ありがとう、リゼ」

レイラ様が残りの花束を抱えて控えめに笑った。

その絵になる美しい姿に思わずほうっと見入ってしまう。

「ねぇリゼ、あなた、ベアル様のことが終わったら、クラウス様のところに戻ってしまうの？」

「あ、いえ、公爵家ではなく、今まで通り神殿でお世話になることになっています。職場である神殿食堂もすぐ隣で、何かと便利ですし」

毎朝大量のたくあんを錬成して城から神殿へ届けてもらっているけれど、やっぱり食べてくれるお客さんの顔をちゃんと見たい。

「それに、クロードさんにとっても職場なので、よく来てくれますし」

私が照れながらもそう言うと、レイラ様の瞳（ひとみ）が寂しげに伏せられる。

「寂しくなるわ。もういっそクロード様と結婚したらいいのに」

「けっ⁉」

結婚って……‼

私とクロードさんが……⁉

婚約すらしてない、ていうか、恋愛関係にもないのに⁉

「あなた達、そういう仲ではないの？」

「なっ⁉」

まさかの発言に私は思わず持っていた大広間の飾り付け図を落としそうになる。

「わ、私達、そんな仲じゃないですからね⁉」

「まぁ……。クロード様は告白すらしていないの？」

「あ、いえ、そんなことは……。ただ、私の問題なんです。私は、恋とか愛とか、正直良くわかりません。クロードさんのことはとても素敵な方だと思うし、一緒にいることがとても心地いいんです。でも、それはクロードさんと同じ思いなのか、私にはわからないんです。それに、今の自分に自信のない私じゃ、そもそもクロードさんの隣に立つ資格がないんです。もっと、クロードさんの隣に立ってもおかしくない人間になったら、あらためて真剣に自分の感情と向き合いますって、クロードさんには伝えています」

クロードさんはラズロフ様とは違う。

きっと、あと少し、待っていてくれる。

だから私は、今のこの大仕事をクリアすることに専念しないと。

「そうなの……。今のままでも十分素敵だけど――。……リゼ、私あの時、あの結婚パーティーの時、とても不安だったの。政略結婚だし、私はこんな性格でしょう？　これで王太子殿下と上手くやっていけるんだろうかって……。でも、あなたからの手紙をもらって、不安なのは私だけじゃないんだって安心した。あなたのおかげで私、彼と向き合うことができたのよ。だから自信を持って」

「レイラ様……。ありがとうございます」

薄く微笑んだレイラ様に、私も笑顔を返す。

私の今までを肯定するようなその言葉に、なんだか急に心が軽くなった。

そんな気がした――刹那――。

「っ……‼」

ぐらりとレイラ様の身体が傾いて、そのまま彼女は赤い絨毯の上へと倒れてしまった。

「レイラ様‼　レイラ様‼　ちょ……誰か‼　誰か来て‼」

一瞬にして辺りは騒然となり、レイラ様はすぐに自室のベッドへと運ばれた。

最近の青白い顔が目に浮かぶ。

やっぱり体調が悪かったんだ……。

すぐに医師が駆けつけ、寝室に運び込まれたレイラ様を診察し始め、私と王太子殿下は衝立の外で落ち着きなく立ったり座ったりを繰り返しながら、医師の診察が終わるのを待った。

しばらくして医師の「終わりましたぞ」という声がして、私と王太子殿下は衝立の向こう、ベッドに横たわるレイラ様のもとへと駆け寄った。

「先生‼　レイラは……⁉」

焦ったように医師に詰め寄る王太子殿下に、医師は目尻の皺をくしゃりとして笑顔を向けた。

「王太子殿下、おめでとうございます。王太子妃殿下、ご懐妊でございます」

「――は……?」

ご……かい……にん……?

「‼」

一瞬だけ思考が停止して、それから一気に喜びが身体中を駆け抜けた。

「レイラ……‼　嬉しいよ……‼」

「おめでとうございます‼　レイラ様‼」

「ありがとう。リゼ、心配かけてごめんなさいね」

嬉しそうに、そして申し訳なさそうに、ベッドから身体を起こすレイラ様を王太子殿下がすかさず支える。

「ここ最近顔色が悪かったのは、お子がいたから――ですか?」

私の問いかけに医師が深く頷いた。

「ええ。つわりですな。食べても戻してしまったり、異常に一定のものが食べたくなったりと、食事が安定しない時期ですが、今の時期はとにかく食べたいものを食べたいだけ、食べたくないものは食べないに限ります。ただ水分だけはしっかりと摂るようになさってください。脱水症状を起こしてしまっては大変なのでね。安定するまでは毎日定期的に検査をするようにいたしましょう。とにかく、無理だけは禁物ですぞ」

ではまた伺います、と医師は言うと、レイラ様の部屋を後にした。

「それで最近食が進まなかったのか」

「そうみたい。……リゼ、あなたに頼みがあるのだけれど……」

ためらいながらもレイラ様が口を開く。

「はい、なんでしょう？」

「ベアル様がお食べになっている〝たくあん〟おにぎり、私にも作っていただけないかしら？　あなたの〝たくあん〟なら不思議と食べられるのよ。お手間をかけて申し訳ないのだけれど……」

たくあんの塩みが食欲を回復させてくれるのかしら？

聖なる〝たくあん〟だし、身体にも良い影響を与えてくれるのかもしれない。

「はい、もちろんです。明日の晩餐も、食べやすい物を少量ずつご用意するようにしますね」

早速料理長と相談して、レイラ様メニューの変更をしないと。

腕が鳴るわ‼

「私、料理長のところで料理のメニューを考えてきますね。レイラ様、ゆっくりなさってくださいね」

私はにっこりと笑ってレイラ様の部屋を後にする。

新しい命の息吹に、不思議と心が躍るような気がした。

――そして迎えた晩餐会の日。

朝から飾り付けやメニューの最終確認など、城内は慌ただしく時間はあっという間に過ぎていった。

今日招待されているのは、伯爵位、侯爵位、公爵位の貴族だ。

クララさんも、クラウス・ラッセンディル公爵として参加するらしい。

久しぶりにクララさんに会えるのは嬉しいけれど、よそ行き顔のクラウスさんバージョンはなかなか落ち着かないし、何よりあの人を「お義兄(にぃ)様」と呼ぶのもまだ慣れない。

昨日の夕食時に、レイラ様のご懐妊について王太子殿下から発表があり、レイラ様の食事も希望通り、ベアル様が召し上がっているたくあん入りのおにぎりを作った。

気持ち悪くなるのを少しでも軽減するため、少量ずつ食べられるように一口サイズの小さな丸いおにぎりを数個用意したところ、レイラ様も気持ち悪がることなく完食することができた。

皆に祝福され、いつもの無表情を緩ませて笑うレイラ様がとても可愛らしくて、心がまたほっこりと温まった。

「次はクロード達かな」

と笑う国王陛下に、私もクロードさんも顔を赤くして同様に縮こまったのは言うまでもない。

「――さぁ、お嬢様、吸ってー‼」

「スゥ――――‼」

「止めて‼」

「むぐっ‼」

息を止めた瞬間に、これでもかと言わんばかりに締め付けられるコルセット。

私も女子だ。

色とりどりの綺麗(きれい)なドレスは大好きなのだけれど、どうもこのコルセットだけは好きになれない。

平民にされて色々と大変だったけれど、このコルセット締めから解放されたことは私にとって喜びだったのに。

まさかここにきて毎日この苦行を経験することになろうとは……。

ドレスはクロードさんが選んでくれたもののようで、メイド達にこれを託してからすぐにクロードさんは他の準備に向かったらしい。

お礼ぐらい言いたかったな。

まぁどうせ晩餐会で会えるから良いけれど。

「さぁ、できましたよ‼」

目の前の姿見の中の淑女に、私は思わずうっとりと見入ってしまう。

緩く巻かれたプラチナブロンドの髪、サファイアがふんだんに使われキラキラと輝く濃い青色のドレス。

オーガンジーが幾重にも重なったそれは、濃い青色という大人しい色にもかかわらず、華やかさと女性らしさを演出してくれる。

クロードさんのセンスとメイド達の職人技の連携プレイだ。

あとは時間を待つばり。

メイド達の去った部屋でゆっくりとくつろいでいると——。

コンコンコン——。

「はい」

「エレン・グレンフィールドよ」

エレンさん⁉

突然の来訪に驚いた私は、すぐに出入り口まで駆け寄り、扉を開ける。

「どうしたんですか？　こんなところに」

誰かの護衛か何かで来たのだろうかとも思ったけれど、扉を開けた先にいたエレンさんはいつもの騎士服ではなく、華やかな紅蓮(ぐれん)のドレスを身に纏(まと)い、髪も綺麗に結い上げられていた。

「キャー‼　リゼちゃん可愛(かわい)いーっ‼」

私を見るなりにぎゅうぎゅうと締め付けるが如く抱きつくエレンさん。

うん、いつものエレンさんだ。

「あ、あの、エレンさん、その格好……」

「ふふ、私も今夜の晩餐会に呼ばれているのよ。一応、伯爵令嬢だからね。リゼちゃんが公爵令嬢として参加するって聞いて、挨拶に寄らせてもらったの」

凛とした騎士服姿で賑やかに駆け回るエレンさんに慣れているから忘れがちだけれど、そうか、伯爵令嬢なのよね。

今日の晩餐会は伯爵位以上が招待されている、限られた人達だけの場所。

伯爵家にも籍を置いたままのエレンさんが出席しないわけはないか。

「エレンさん、とても綺麗です。エレンさんがいるなら心強いですね」

実はとてつもなく不安だった私としては、知り合いがいてくれるだけで頼もしい。

「ふふ。ありがとっ。私も可愛いリゼちゃんを拝むことができて眼福よぉ。あーもうっ‼ 何でリゼちゃんがあのクラウスなんかの妹になっちゃうのよー‼ うちに養子に来てくれたら可愛いリゼちゃんを独り占めできるし、私と二人、美人姉妹で売り出していけるのにぃーっ」

いや、私じゃ力不足です。どう見ても。

私とエレンさんじゃ違いすぎる。

色気たっぷりなエレンさんに対して、私は色気より食い気ってタイプだし……。

エレンさんのドレスは彼女によく合う、身体の線がよくわかるマーメイドドレスで、ボンキュッボンがしっかりとラインに表れている。くっ……。

「あれ……？」

エレンさんの身体を目でしっかりと堪能していた私は、彼女の左腕にある大きな傷跡に気づいて思わず声を上げた。

その視線の先を辿ると、エレンさんは「あぁ、これ？」と苦笑いしてから続ける。

「まぁ、騎士やってたら怪我の一つや二つ付きものよね。でも大丈夫。他の国の貴族では未婚女性に傷がつくことは恥だとかそんな概念が強いだろうけど、フルティアではこんな傷、気にする人はいないわ。だってほら、伯爵令嬢が騎士やっても除籍されない国よ？」

「確かに……」

貴族女性は傷を作るべからず。

家に従い、結婚し、子を産み育て子孫を繁栄させる。

それがベジタル王国の、いや、大体の国の貴族女性を縛り付ける概念だ。

そんな概念を鼻で笑い飛ばすような価値観を持つフルティアは、おそらく異質であり、そして最先端であると言えるだろう。

「あの、エレンさんは何で騎士になったんですか？」

エレンさんとは出会ってから毎日のように顔を合わせているけれど、彼女について立ち入ったことを聞いたことはない。

「え？　あぁ……まぁ、そうよね、気になるわよね」

困ったように笑ってそう答えてから、「んー……」と何かを考え、再び私に視線を向けて口を開いた。

「……私ね、好きな人を守りたくて、騎士になったの」

「す……⁉」

好きな人⁉　エレンさんの⁉

「え、もしかしてジェイドさん？」

「まさか‼　隊長は大切な人だけど、そういうんじゃないわ。……私の好きな人は王族でね、幼馴染だった。小さい頃はヒョロヒョロしてて、折れそうなくらい華奢で、いつか誰かにやられちゃうんじゃないかってくらい弱い人でね。だから、私が守らなきゃって。それで騎士に志願したの」

大切な人を守るために……。

それが愛っていうものなのかもしれないけれど、今の私にはその気持ちが確かなものとして理解できない。

クロードさんが私に向けてくれる気持ちも、どこか懐疑的に見てしまう自分だっている。

もし私に、本当の愛というものがわかったら、私もそんなふうに強くなれるんだろうか。

「あの、その王族の人は？」

「ん？　あー……。私が昇進する前に恋人ができちゃって、それからもうずっと恋人のことしか見えてないわ。それにその人、自分で恋人を守りたいからって、熱が出ようとぶっ倒れようと構うことなく日々身体を鍛えまくって、華奢だったのが嘘みたいに今では体格も変わったし、腕っ節も強

くなっちゃったしね」

「そんな……」

エレンさんは何不自由ない、痛いこともない人生を捨ててまで、好きな人のために強くなったのに……。

愛というものがはっきりと理解できないでいる私だけれど、彼女の気持ちを思うと胸が痛む。

「ふはっ。リゼちゃんがそんな顔することないのよ。失恋しても騎士でいるのは、なんだかんだ令嬢として優雅に暮らしてるよりも、身体を動かしてる方が自分に合ってるからだし。それに私、騎士の仕事に誇りを持ってるから。だから大丈夫。それに、騎士になったからこそ、こんなに可愛いリゼちゃんとお友達になれたんだもの」

「へ？　おとも……だち……？」

私がポカンとしてエレンさんを見上げると、エレンさんは顔を険しくしてから私の両肩を掴んだ。

「ちょっ、友達だと思ってたのはまさか私だけ⁉　嘘よね⁉　マブよね⁉　私達‼」

「え、あ、えーっと……そう、なんですね？」

「はぁぁぁ⁉　これだけ毎日スキンシップ取ってるのに⁉　リゼちゃんにとって私ってどんな存在なのよぉぉぉ⁉」

両肩を掴まれたままガクガクと揺らされ、首が不安定に前後に揺れる。

「はぁ……。いーい？　私はリゼちゃんに感謝と尊敬の念を持ってるけど、それと同じくらいの友愛を持って接してるの。わかった？」

「え、あ、はい」

友達……か。

ベジタル王国にいた頃は腹の探り合いばかりで、友達と呼べる人なんていなかった。

それがここに来て、レジィやアイネ、そしてエレンさんという友達ができて、戸惑うこともあるけれど、なんだかとても、心が温かい。

「まったく……。さて、じゃ私は行くわ。また後でね」

「はい、また後で」

エレンさんは私に笑顔で手を振ると、部屋を後にした。

彼女が部屋を出てすぐ、またコンコンコン、と軽い音が響く。

そしてその後すぐに「私よ」と口調と声のトーンが一致しない声が通った。

「どうぞ」

私が声を扉の向こうに飛ばすと、ゆっくりと扉が開かれ、カツラを被ったクラウスさん姿のクラさんが部屋へと入ってきた。

わぁ……キラキラしてる……。

「久しぶりね、リゼ。んまぁっ‼　素敵なドレスじゃないの‼　青色――これまさか……」

ぴたりと動きを止めたクララさんに、私が頷く。

「クロードさんからです」

「やぁっぱり‼　ちゃっかり自分の瞳の色のドレスを贈っちゃって‼　抜け目ないんだから‼　あんた、まさか城で殿下に襲われたりは……」

「ないです‼　ないですから落ち着いて‼」

襲われかけたけど未遂だ。

「本当に〜？」

じろりと信じてない様子で私を見るクララさんに苦笑いをして、

「ま、まぁ立ち話もなんですし、どうぞ」とソファへと促す。

「で、どうしたんです？　クララさん。晩餐会場はここじゃありませんよ？」

私が言うと、クララさんは「わかってるわよ、おバカねぇ」と言いながらどっかりとソファへ腰を下ろした。

「あんた、私の何？」

「は？」

あれ、なんだろうこの既視感溢れる展開。

「わ・た・し・の、何？」

「え、えっと……職場の部下？」

戸惑いながらも私が答えると、クララさんは突然前のめりになり無言で私のおでこにデコピンした。

「あうっ‼　痛いですクララさん」

「あんたねぇ‼　私の義妹になったんでしょうが‼」

あ、そういうことか。

「すみませんまだ慣れなくて。で、それとここに来たことが何か？」

「んもぉぉぉお‼　察しが悪いわねぇっ‼　あんたのエスコートよ、エスコート‼　婚約者もいない未婚の女性なんだから家族がエスコートするに決まってんでしょ‼」

家族。

その言葉が私の奥底の心の傷に浸透していく。

そうか。家族に捨てられた私だけど、こんなに素敵な家族ができたんだ。

信じていた父母からの仕打ちでついた傷は思いの外深かったみたいで、度々夢に見てはうなされるし、思い出しただけで心が擦り切れそうになる。

それでも私が沈み切らずにいられるのは、クララさんのおかげだ。

今は彼が私の家族だ。

だから、大丈夫。

「クララさん、ありがとうございます」

私は笑顔で新しくできた家族へとお礼を述べた。

「な、何よ、気持ち悪いわね。当然でしょう、家族なんだから。ほれ、行くわよ」

照れたようにつんと顔を逸らし手を差し出す義兄（あに）の腕に、私はまた穏やかに笑って手を重ねた。


「ラッセンディル公爵、ラッセンディル公爵令嬢!!」

名前が読み上げられ、私はクララさんのエスコートで会場に入る。

爵位の低い順から入場し、私達が最後の招待客だ。

真っ白いクロスがかけられた長テーブルの先では国王陛下と王妃様、王太子殿下にレイラ様、そしてクロードさんが揃（そろ）ってこちらを見ている。

クロードさんは遠くから私を認めると、目を三日月形にして嬉（うれ）しそうに小さく手を振った。私はそれににっこりと微笑んで、王族に向かって一礼し、席に着く。

そして――。

「ベアロボス王国第一王子、ベアル殿下!!」

主賓のベアル様の登場だ。

いつものおどおどした様子は微塵（みじん）も感じさせることなく、堂々たる態度でこちらへ向かって歩いてくるベアル様。

わずかに鼻をひくひくさせているのは、おそらく匂いを感じ取っているんだろう。

しばらくしてベアル様は驚いたように金色の瞳を丸くしてから、なぜか私の方を見やった。そしてふんわりと目を細めると、正面の陛下の前、長テーブル一番奥の、王妃様の正面へと座った。

「皆、よく来てくれた。こちらはベアロボスのベアル殿だ。皆、今宵は食べて飲んで、盛大に楽しもうではないか。ベアロボスとフルティアの友情に、乾杯‼」

国王陛下が音頭をとって、晩餐(ばんさん)会が始まった。

それを皮切りに、目の前に色鮮やかな料理が運ばれてくる。

どれも料理長が徹夜で考えた、刺激的な匂いの少ない料理だ。

そしてベアル様とレイラ様のメニューは、私が考え朝から仕込みをしたもの。

ベアル様はおにぎりをナイフで切り分けながら、嬉しそうに咀嚼(そしゃく)を繰り返し、レイラ様は一口サイズのおにぎりをフォークで刺して、ゆっくりながらも口へと運んでいった。

よかった。お二人ともしっかりと食べてらっしゃる。

すると隣に座っていた公爵夫人がベアル様達の食事を見て、興味を示した。

「陛下、ベアル様やレイラ様がお召し上がりになっているものは何でございましょう？」

他の招待客もそれが気になっていたようで、興味津々で陛下の方を見た。

「あぁ、その前に……。皆に一つ知らせを。王太子妃レイラが懐妊した。今はつわりの段階でな。仕事によっては休みながらになることもあるだろう。皆、よく助けてやってくれ」

陛下が発表すると、レイラ様はゆっくりと立ち上がり、皆様に向けて一礼をした。すると一斉に招待客から上がった祝福の声が木霊(こだま)する。

「そのためにつわりでも食べられそうなものをと準備してもらったのだ。ベアル殿のものは獣人族の身体に合わせたものとなっておる。人間には食べられるものでも、狼獣人にとっては食べてはいけないものもあるらしいからな。そしてこれらはどちらも、聖女が自ら作ってくれたものだ。改めて紹介しよう。聖女リゼリア・ラッセンディル公爵令嬢だ」

陛下の紹介に、人々の視線が一斉に私へと向かう。

予想していなかった大々的な紹介に内心パニックになりながらも、私は立ち上がり皆様に向けて一礼する。

「おぉ、聖女‼」

「あれは……ベジタルの王太子の婚約者ではないか？」

「ではやはり、婚約破棄は本当で……？」

私を確認した貴族達の中には、私がベジタルの王太子の婚約者だと気づくものもちらほら。

それはそうだ。上位貴族はフルティアの王太子殿下達の結婚パーティーなどで面識はあるし、婚約破棄事件は広まっているみたいだし。

「知っての通り、ベジタルの王太子は一方的に婚約破棄と追放を言い渡し、長年支えてくれた婚約者であるリゼリア嬢を捨てた。だが彼女はこのフルティアに辿り着き、我が弟クラウスが引き取り、義妹として今は第二の人生を歩んでおる」

これでまた要らぬ憶測と腹の探り合いが起こるのかしら。

そう思って覚悟をしていたのに――。

「リゼリア様といえば、クロード殿下の長年の思い人ではありませんか‼　婚約を破棄されたリゼリア嬢とクロード殿下が巡り会う……‼　あぁ、なんて運命的なんでしょう‼」

「せっかくクロード殿下にいかがかと娘を連れてきたが、無駄のようでしたな」

あぁ、だからやたらと娘同伴が多いのか。

なかなかちゃっかりしてらっしゃる。

「クロード殿下、ご婚約は？」

侯爵がたずねると、クロードさんは少しだけ頬を赤くしてから答えた。

「あまりせかさないでくれるかな？　俺もリゼリア嬢も、まだまだこれからなんだ。見守っていてくれ」

そう言ってクロードさんはとても優しく私に微笑みかける。

そして顔に集中する熱を隠すように、両頬に両手を当てる私。

「ははは‼　初々しいお二人だ‼」

「愛らしいカップルに、乾杯‼」

そんな和気藹々(わきあいあい)とした和やかなムードの中、晩餐会は進んでいく。

「クラウス卿(きょう)はやはりご結婚はなさらないの？　私の姪(めい)なんていかがかしら？　とても愛らしく器量のいい子ですのよ？」

「はっはっは。私にはもったいないですよ。それに私は仕事と結婚しているので、人間と結婚など、考えていないのですよ。新しくできた可愛い妹とも、まだしばらく一緒にいたいですしね。ねぇリゼ」

「ハイソウデスネ、オニイサマ」

「まぁ‼　クラウス卿ったら。仲がよろしいのですわね‼　ホホホホホ‼」

そんな寒々しいやりとりをしつつ、びっしりと立ち上がる鳥肌を両手でさする。

クララさんのクラウス様化はやっぱり慣れないし、そう簡単に慣れるものではないと思う。

だってほら、このクララさんを前から知っているにもかかわらず、見てはいけないものを見ているかのように、あのいつも爽やかなクロードさんが笑顔のまま固まってるし。

エレンさんだけは、いつも以上に鋭い目でクララさんを睨みつけているけれど。

楽しく会話が弾み、食事も進んだところで、最後のデザートがワゴンに載せられ、クロッシュを被せた状態で運ばれてきた。

給仕によってクロッシュが開かれると、中から現れたのは手のひらサイズのケーキ。

黄色いドーム状の土台に、上にショコリエでコーティングしてあり、そのさらに上には小さく刻まれた乾燥〝たくあん〟の粒が振りかけられている。

「まぁ素敵」

「なんて可愛らしいデザートなの」

見た目の印象は良いみたいね、よしっ。

「デザートはリゼリア嬢が作ったと聞いているが……」

国王陛下の視線が私に向かい、それに続くように他の皆様の目も集中すると、私はデザートの説明をすべく立ち上がった。

「こちら、スイートポテトのケーキの上部をショコリエでコーティングし、その上から匂いを消すため小さく刻んで乾燥させた聖なる〝たくあん〟を振りかけました。ベアル様のものはショコリエの代わりにシュガリエアイシングでコーティングしております。下のドームケーキは実り豊かなフルティアを、上の刻み〝たくあん〟は勇ましいベアロボスの国旗に描かれた星をイメージして作らせていただきました。両国の友好を願って……。さぁ、皆様、お楽しみくださいませ」

そう言ってにっこり微笑めば、皆それぞれ様々な角度から眺めた後にケーキをゆっくりと口に運んだ。

「んっ‼」

「なんだこれは……うまい‼」

「とっても滑らかなケーキの食感と、上のサクサクしながらも瑞々(みずみず)しい〝たくあん〟がまた良い‼」

なかなか良い感じみたいね。

レイラ様のはおにぎりと同じように無理なく食べられるよう一口サイズにしたし……うん、よく食べてらっしゃるわ、よかった。

「……とてもおいしい……。……リゼリア嬢、あなたは本当に素晴らしい方だ」

ベアル様がふわりと笑った。

「考え、分析し、僕でも食べられる料理を作ってくれた。それだけじゃない。まだ匂いに耐性のない僕に気付いて、配慮の行き届いた場作り。あなたの配慮によるものですよね？　本当に、ありがとうございます。そしてその配慮にご協力いただいたこの場の皆さん、城で働く全ての皆さんに感謝を――。本当にここに来ることができてよかった。……僕は――いえ、私は、これから必ず心強き王になります。他者を思いやることのできる、温かい、皆さんのような心を持つ王に。ベアロボスはフルティアとの友好国であることを誇り、これからも変わることのない友好を誓います。皆さん、これからもよろしくお願いします‼」

そう言って深く頭を下げ、次に顔を上げたときのベアル様は、どこか決意のこもった、凛とした王の顔をしていた。

晩餐会を何事もなく終えることができた私は、今回のことで色々と協力してくれた料理長にお礼を言いに厨房へと向かう。

この晩餐会を大成功に終えられたのは、彼らの協力があってこそなのだから。

そしてあと一つ階段を下りて一番奥が厨房だ――というところで……。

「何、あれ……」

貴族の格好をした男が三人。

晩餐会の招待客、ではないわよね、あんな人達いなかったし。

こんなところで慎重に辺りを窺いながら……一体何の用だろう？

「あなた方」

たまらなくなって三人の背後から声をかけると、三人揃って私の声に反応しビクリと大きく肩を跳ね上がらせた。

「な、何か？　少し急ぐのですが……っ‼」

「‼　リゼリア・カスタローネ公爵令嬢‼　これは大変失礼を……‼」

すぐに一歩下がり胸に手を当て頭を下げる三人組に、私は眉を顰める。

「……あなた達、何者？」

「へ？　あ、いや、ば、晩餐会の招待客で――」

「招待客ならば知っているはずよ？　私がクラウス・ラッセンディル公爵の家に養子として迎えられ、リゼリア・ラッセンディルになったということを」

「‼」

知らない、ということは、彼らは――。

「っ、引くぞ‼」

男の一人が後の二人に指示を出すと、懐からナイフを取り出し、廊下の真ん中に立ち塞がる私の方へと一斉に走り出した――‼

「どけぇぇぇぇぇぇええええ‼」

エェッ⁉　突っ切る気⁉

ぶ、武器‼　武器武器武器ぃぃぃいいい‼

私何も持ってないわよ⁉

くっ……えぇい、ままよ……‼

【たくあん錬成】‼」

私はできるだけ分厚く大きな〝たくあん〟を想像しながらスキルを発動させる――‼

ジャクッ‼　ジャクジャクッ‼

「な……っ⁉」

「何だこれは⁉」

「くっ、抜けん……‼」

私の目の前に現れたのは、想像したよりも大きく分厚い円形のスライス〝たくあん〟……。

そしてそれにザクザクと刺さったまま捕らわれる三つのナイフ。

すごい……〝たくあん〟の――盾……‼

大きさと形も操ることができる、ということは――。

「【たくあん錬成】‼」

「うあぁぁっ⁉」

私がスキルを発動させると、分厚く黄色い、凄まじい匂いを放つモノがズボンッと真ん中の男の身体を捉え、拘束した――。

言うなればそれは、人間の〝たくあん〟巻き。

「凄っ……」

〝たくあん〟は……無限の可能性を秘めている……‼

〝たくあん〟巻きになって転がってしまった男を見下ろしながら、私があらためてハズレだと思われていたこのスキルの力に驚いていると、同じように驚き言葉を失っていた後の二人が我に返ったようにこちらに視線を向けた。

「何だあれは……これがあの……役立たずスキル……⁉」

「食べ物スキルじゃなかったのか⁉　聞いていたのと……話が違う……‼」

「とにかく、一度戻って報告だ‼」

二人の男は〝たくあん〟巻きになった男を担ぎ上げると、再び私に向かって走り出した。

「どけぇぇぇぇええええっっっ‼」

「っ⁉」

強行突破⁉

あまりの気迫にスキルの発動が遅れた私へと突っ込んでくる男達。

まずい……‼

衝撃に備えてぎゅっと目を瞑り、両手を顔の前でクロスさせた、その時だった――。

「〝ライトスネーク〟ッッ‼」

「うあぁぁぁぁぁぁぁぁあっ⁉」

バタンッバタンッ――‼

聞き覚えのある声がすぐ私の背後で響き、それと同時に二人の男の叫び声と何かが倒れる音。

「俺の可愛い【たくあん聖女】に……何やってんのかな?」

低く唸るような声。

私がゆっくりと目を開けると、目の前には〝たくあん〟巻きの男と残りの二人が光の縄でひとまとめに拘束された状態で倒れている。

「この光は――」

振り返ると、そこには鬼の形相で男達を睨み見下ろす大魔王、いや、クロードさんの姿。

私の引き攣った顔に気づいたクロードさんはすぐにその端整な顔を優しく緩ませ、「リゼさん、怪我はない?」と尋ねた。

「え、あ、はい。大丈夫、です」

さっきまでの大魔王様どこ行った⁉

「そっか、よかった。で、この人達は？　知り合い……じゃないよね？　知り合いが〝たくあん〟に巻かれてたり、それを担いで突っ込んでくるわけないもんね？」

笑顔が黒い……‼

「違いますっ。今日のお礼を言いに厨房に行こうとしていたら、不審な三人組を見かけて……声をかけたらこんなことに……」

チラリと男達を見下ろすと、悔しげにこちらを見上げる男と目が合ってしまった。

「チッ……。リゼリア・カスタローネがこんな力を持っているなんて……」

「ただの匂いが強い食べ物を出すだけじゃなかったなんて、聞いてないぞ……‼」

あぁ、やっぱりそうだ。

私のことをカスタローネと呼び、この【たくあん錬成】スキルを、匂いが強い食べ物を出すスキルだと認識しているのは——。

「ベジタル王国の人達ですね？」

「何だって⁉」

それしか考えられない。

だってこのフルティアの人達は、私のことを神殿食堂のリゼか、リゼリア・ラッセンディル公爵令嬢として認識しているのだから。

「くっ……」

「目的は何ですか？　ベアロボスのベアル様ですか？　それともフルティアの国王陛下？」

「いや……。リゼリア・カスタローネ公爵令嬢、かな？」

問い詰める私の隣でクロードさんが鋭い睨みを利かせながら低く言葉を放った。

「ふんっ。俺達は様子を見に来ただけだ。危害を加えようなんざ思っちゃいない」

「いや、ナイフ持って突進してきたじゃない」

たくあんがなかったら刺されてたわよ、今頃。

「ナイフ？　……もしかしてあの巨大〝たくあん〟に刺さってるあれ？　凄いねリゼさん。〝たくあん〟の盾だなんて。……と……、そうか、ベジタル王国からの刺客か偵察かは知らないけど、俺の一番大切なものに危害を加えようとしたわけだ。……なら、俺も危害を加えても問題ないよね？」

笑顔で右手を彼らにかざす大魔王クロードさん。

まずい、殺る気だ……‼

「クロードさん待っ――」

「殿下‼」

私の声を遮って私の目の前に飛び出したのは――。

「チッ……。ジェイドか」

珍しく苛立ちを表に出しながら、クロードさんは目の前に飛び出した彼に視線を移す。

「何やってるんですか⁉」

「止めないでくれるかな？　リゼさんの仇なんだ」

「私死んでませんからね⁉」

〝たくあん〟のおかげで‼

「ここでこいつらを死なせたら、後々リゼ殿を守るためのカードをなくすことになります。あなたが今すべきなのは、この者達を生かしたまま情報を聞き出し、リゼ殿を守る力にすることです」

ジェイドさんの言葉に、クロードさんの冷たく無になった顔に表情が戻った。

「っ……。ありがとうジェイド。そうだね。こいつら、連れて行ってくれ」

「はい」

ジェイドさんは頷くと、クロードさんの魔法の光の縄を引き、三人組を引きずりながら連行して行った。

「……さて、と」

ジェイドさんを見送り二人になった廊下で、クロードさんはその場に放置された巨大〝たくあん〟の盾を見下ろした。

「ずいぶん大きいの作ったね、リゼさん」

「は、はは……。無我夢中で……」

今までストレート〝たくあん〟を注文するお客さんのために小さめの〝たくあん〟を出したりしたことはあったけれど、こんな大きい〝たくあん〟を錬成したのは初めてだ。

「食べれば美味しく癒しの力を持ち、戦いにも使える、か……。なるほど。このスキルは役立たずなんかじゃない。ある意味最強スキルじゃないか」

確かにある意味最強かもしれない。

「クロードさん、この間言ったように私、クロードさんへの自分の気持ちについて考えるのはこれからになります。でも——」

「でも？」

キョトンとこちらを見つめるサファイア色の瞳を、私は真っ直ぐに見つめた。

「私は、クロードさんが私を大切にしてくれるように、私もクロードさんを大切にしたい。私を守ろうとしてくれるあなたを、私も守りたい。そう思います」

「リゼさん……」

まだきっと、これが恋というものかはわからない。

でも、これだけは確実に言える。

私は、私を大切にし、守ってくれる人を守りたい。

私の、この【たくあん錬成】スキルで。

「ん。今はそれで十分。ハハッ。それにしても、やっぱりうちの【たくあん聖女】はすごいや。食べて美味しいし、身を守る盾にもなってくれるなんて。とりあえず、二人でこれを厨房に運ぼう。ちょうどすぐそこだし。これなら【ショコリエ〝たくあん〟】がたくさん作れそうだし。俺も手伝

うよ」

そういつもの笑顔で手を差し出すクロードさん。

「行こう、俺の【たくあん聖女】様」

「はいっ‼」

私もその笑顔に応えるように頬を綻ばせると、私達はその大きな〝たくあん〟を抱えながら、厨房へと歩いて行くのだった。

後日、クロードさんが報告した内容を聞いたクララさんによって【たくあんの盾】と【たくあんの人間巻き】の噂は瞬く間に広まった。

【たくあん錬成】スキルはハズレスキルどころか、何でもできる万能スキルとして有名になり、神殿食堂の名が国内外に響き渡ることになったのは、言うまでもない。

この役立たずだと思っていた万能スキルとともに、私は自分らしく生きていく。

大切な人達がいる、この私の居場所で——。

エピローグ～Side クロード～

「――ということで、全てはベジタル国王からの命令だったようです」

「ふむ……トップからの直々の命令、か……」

全てのことが終わって、リゼさんは再び神殿へと帰っていった。

明日からまた隣の神殿食堂で、〝たくあん〟を錬成し調理する日々を送るのだろう。

神殿食堂で働く彼女の姿はとても活き活きしていて、心の底から楽しみ、充実しているということが伝わってくる。

晩餐会後に忍び込んだ賊は、案の定、ベジタル王国からの刺客だった。

それも、国王からの命令で忍び込んだ、か。

俺はてっきりあのラズロフ王太子の差し金だと思っていたが、どうやら根っこの部分からおかしくなっているようだな、あの国は。

「父上、抗議文を送らせましょうか」

「まぁ待てクラウディオ。少し、泳がせておこう」

そう首を横に振った父上に、兄上が眉を顰める。

情に厚い兄上であればすぐにでも抗議文を送り謝罪とリゼさんへの接近禁止を要求するところだろうが、父上はおそらく、俺と同じ考えだ。

「抗議文を送ったとして、その場しのぎの謝罪文が送られてくるだけだろう。根本が変わらねば意味がないのだ。己の過ちに気づき、変革するきっかけが必要なこともある」

「己の過ちに？　あの大して役にも立たない国王がですか？」

ひどい言われようだが全くもってその通りだ。

ベジタル王国の国王は変化を嫌い、面倒ごとから目を背け、事が起こった際にも動こうとはしない。だが権限だけは保持しているという厄介な存在だ。

「ふむ、まぁ、国王が気付くならばそれに越したことはないが……。それよりも可能性が高い人物が他にもいるだろう」

「……ラズロフ……」

リゼさんの元婚約者で、彼女を捨てた男。

ほとんどの公務をこなし、国王よりも表に出て仕事をする、とても頭の切れるしっかりとした印象だったが故に、この男ならばリゼさんを任せられるのかもしれないと思ったこともあった。

だがその結果があのひどい裏切りだ。

彼に何があったのかと思うほどに、今のラズロフは、かつての彼ではない。

それはリゼさんが一番感じたことだろう。

だからこそ裏切られた苦しみは計り知れない。

婚約者の妹と恋仲になり、婚約者を追放するほどにおかしくなってしまったラズロフが、過ちに気づくとは思えない。

「だが、放置することによってまた刺客が送り込まれるやもしれん。ジェイド、国境と各町の警戒を強化させるよう、騎士団全体に通達を」

「はっ」

ジェイドもこれからさらに忙しくなるのだろうが、命の恩人であるリゼ殿のためならこの命を捧げてみせると豪語している彼ならば、どんなことでもやってのけそうだ。

「クラウディオ。周辺国へベジタルとのつながりはないか、さりげなく探りを入れてくれ」

「わかりました、父上」

周辺諸国と連携して攻め入られては、流石のフルティアも厳しい状態になるのは目に見えている。

それを防止するためには、つながりを探らねばならない、か。

我が父親ながら、頭の切れる国王だ。

これからの方針がまとまりかけたその時――。

「――で？　うちの義妹、大丈夫なんでしょうね？」

それまで黙って静観していたクラウスが、腕を組んだままじろりと俺を見た。

「最初は成り行きでうちの食堂で面倒見ることになった子だけど、毎日一緒に過ごしておまけに書類上義兄妹にもなった。今やあの子は私にとって、大切な家族なの。……私はもう、大切なものを失うのは嫌よ」

クラウスが過去に大切な人を失っているということには気づいていた。

ある日突然生きる気力を失ったようになったと思ったら、またある日突然城を出て神殿食堂で暮らすと言い出して、いつの間にかあのスタイルで神殿食堂を切り盛りし始めたのは、それが原因だろう。

気づいていながら、何もできなかった。

ただ時間が流れるままに、傍観していたんだ、俺は。俺達は。

だけどもう傍観なんかしない。

何より、クラウスの家族は俺の大切な人でもあるのだから。

「守れるの？　あんたに」

真っ直ぐに俺を射貫(いぬ)くように見る青の双眸(そうぼう)を、俺も真っ直ぐに見返した。

「守ってみせるよ。俺が。必ず」

やっと訪れた彼女の平和を、日常を、笑顔を、壊させはしない。

絶対に。

俺はそう言うと、窓の外の暗き紫紺の空を見上げた――。

END

あとがき

皆様初めまして。たくあんを愛し、たくあんに愛された作家、景華（かげはな）です。
この度は『たくあん聖女のレシピ集』をお手に取っていただきましてありがとうございます。
そして、出版にあたってご尽力くださいました編集さん、出版社の皆様、イラストを担当してくださったすざく先生、本当にありがとうございました。

この『たくあん聖女のレシピ集』は、たくあんを愛する景華が、ＳＮＳのフォロワーさんとたくあんについて話をしている中で思いついた作品です。なので、どうせならば個性豊かなうちのフォロワーさん達をイメージしたキャラクターを生み出したい‼　と、ほとんどのキャラクターは景華のフォロワーさんがモチーフになっております。正直、ものっすごく楽しみながら書きましたし、ものっすごくたくあんへの愛とフォロワーさん方への愛を込めて書きました。ちなみにこの作品に登場するたくあん料理は、全て景華が実際に作ってみたものですので、皆様もぜひ作ってみてくださいね‼

景華は訳あって四年ほど前から減塩生活をしております。たくあんを愛しているのに減塩せねばならない身……。だからこそ塩分を気にせず食べられるたくあん錬成という夢のようなスキルを作り出した部分もあります。小説っていいですよね。現実では無理なことも、小説の中で叶えることができる。これって小説という非現実だからこその楽しみ方だなって思います。

そんな作品がコンテストで特別賞を受賞し、出版させていただける……。本当に幸せなことだと思います。

あらためまして、応援してくださった皆様、本当にありがとうございました。

今回はベアル編までとなり、ウェブ版にはないバトルや展開もたくさん加筆しております。

そして一番ウェブ版と違うのは、なんといっても書籍のみの新キャラであるエレンでしょう!!　ボンキュッボンのサバサバ系騎士令嬢!!　クララさんとは犬猿の仲ですが、彼女にもいろいろあるようで……?　今後もウェブとはまた違った展開、加筆たっぷりになっていきますので、ぜひぜひぜひ二巻が出せますよう、皆様応援していただけると嬉しいです!!　リゼリアとクロード、そしてラズロフ、クララやエレン——それぞれの行く末を最後まで見守っていただきたい……!!

そしてもし楽しんでいただけましたら、こっそりでもがっつりでも良いので、お手紙でもSNSででも教えていただけると幸せでございます。

それでは、二巻でお会いできることを願って。皆様ご一緒に——!!

「たくあん最高ぉぉぉぉおおおお!!」

2024年5月　景華

本書は、二〇二二年にカクヨムで実施された第8回カクヨムWeb小説コンテスト　恋愛（ラブロマンス）部門特別賞を受賞した『たくあん聖女のレシピ集』を加筆修正したものです。

お便りはこちらまで

〒102－8177
カドカワBOOKS編集部　気付
景華（様）宛
すざく（様）宛

カドカワBOOKS

たくあん聖女のレシピ集

【たくあん錬成】スキル発覚で役立たずだと追放されましたが神殿食堂で強く生きていきます

2024年5月10日　初版発行

著者／景華

発行者／山下直久

発行／株式会社KADOKAWA

〒102-8177
東京都千代田区富士見2-13-3
電話／0570-002-301（ナビダイヤル）

編集／ファンタジア文庫編集部

印刷所／暁印刷

製本所／本間製本

※定価（または価格）はカバーに表示してあります。

●お問い合わせ
https://www.kadokawa.co.jp/（「お問い合わせ」へお進みください）
※内容によっては、お答えできない場合があります。
※サポートは日本国内のみとさせていただきます。
※Japanese text only

Printed in Japan
ISBN 978-4-04-075454-3 C0093

新文芸宣言

かつて「知」と「美」は特権階級の所有物でした。

15世紀、グーテンベルクが発明した活版印刷技術は、特権階級から「知」と「美」を解放し、ルネサンスや宗教改革を導きました。市民革命や産業革命も、大衆に「知」と「美」が広まらなければ起こりえませんでした。人間は、本を読むことにより、自由と平等を獲得していったのです。

21世紀、インターネット技術により、第二の「知」と「美」の解放が起こりました。一部の選ばれた才能を持つ者だけが文章や絵、映像を発表できる時代は終わり、誰もがネット上で自己表現を出来る時代がやってきました。

UGC（ユーザージェネレイテッドコンテンツ）の波は、今世界を席巻しています。UGCから生まれた小説は、一般大衆からの批評を取り込みながら内容を充実させて行きます。受け手と送り手の情報の交換によって、UGCは量的な評価を獲得し、爆発的にその数を増やしているのです。

こうしたUGCから生まれた小説群を、私たちは「新文芸」と名付けました。

新文芸は、インターネットによる新しい「知」と「美」の形です。

2015年10月10日
井上伸一郎